CHANSONS

ET

POÉSIES NATIONALES

DE

PIERRE COLAU.

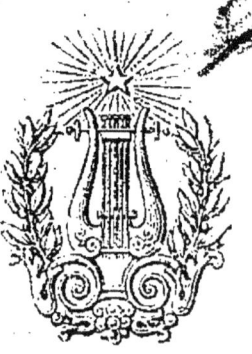

Paris.

CHEZ LEVAVASSEUR, LIBRAIRE,
PALAIS-ROYAL,
ET LES MARCHANDS DE NOUVEAUTÉS.

1830.

CHANSONS

ET

POÉSIES NATIONALES.

IMPRIMERIE DE A. BARBIER,
RUE DES MARAIS 6.-C. N. 17.

CHANSONS
ET
POÉSIES NATIONALES

DE

PIERRE COLAU,

FONDATEUR DE LA SOCIÉTÉ LYRIQUE DES BERGERS DE SYRACUSE.

> L'honneur français n'est point un météore,
> C'est un soleil qui ne peut s'éclipser ;
> Car ses rayons du couchant à l'aurore,
> Du nord au sud, ont su tout embrasser.
>
> *Chanson Ire.*

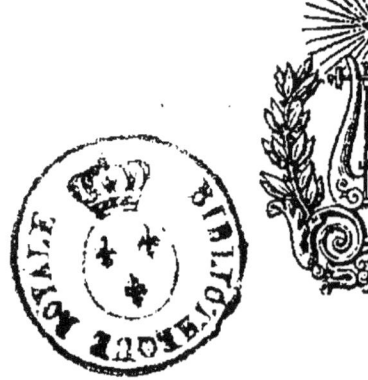

Paris.

CHEZ LEVAVASSEUR, LIBRAIRE,

PALAIS-ROYAL,

ET LES MARCHANDS DE NOUVEAUTÉS.

—

1830.

L'AUTEUR A SES LECTEURS.

Peut-être les amateurs de nouveautés nous blâmeront-ils de publier des poésies dont quelques-unes datent de quatorze ans ; peut-être au contraire les amis de la *Gloire nationale*, sans considérer la date de ces chansons, ou plutôt en raison de leur date nous sauront gré de notre hardiesse ; nous espérons même que, quelle que soit la nuance de leurs opinions, ils accueilleront ce recueil avec plaisir ou du moins avec bienveillance.

Si certaines épithètes données aux ennemis de la France, ou à des hommes qu'à cette époque on considérait comme tels, paraissaient inconvenantes aujourd'hui, nous prierions nos lecteurs de se reporter aux circonstances qui les ont dictées, et nous pensons

que loin d'y voir une œuvre de parti, ils
connaîtront que toutes les pièces qui comp[osent]
sent ce petit volume sont des émanations [du]
plus pur comme du plus ardent patriotism[e.]

L'honneur français en fut le mobile, [ce]
sentiment n'a ni vieilli ni dégénéré, et si no[us]
ne pouvons, comme *Béranger*, faire naît[re]
l'enthousiasme et l'admiration, du mo[ins]
sommes-nous assuré qu'après nous avoir [lu,]
tout ami de notre glorieuse patrie dira s[ans]
hésiter, voilà bien les sentimens d'un b[on]
Français.

Nous n'avons pas cherché à rallumer d[es]
passions éteintes, et nous engageons nos le[c]-
teurs à ne prendre à la lettre que tout ce q[ui]
se rattache à la gloire française que tant [de]
dévouement et tant de sacrifices ont rend[ue]
immortelle.

P. C.

CHANSONS
ET
POÉSIES NATIONALES.

L'HONNEUR FRANÇAIS.

AIR : Du Dieu des bonnes gens (DE BÉRANGER).

J'ai célébré par des chansons nouvelles
Tous les sujets d'où naissent nos plaisirs ;
J'ai célébré l'amour, le vin, les belles ;
Les champs, les fleurs, objets de mes désirs.
J'ai célébré les amans de la gloire,
  Vous faisiez bis à leurs succès !
Ne pouvant plus célébrer la victoire,
  Chantons l'*honneur français.*

Quand parmi nous, des passions étranges,
De la sagesse, interrompaient le cours,
L'honneur français dirigeait nos phalanges ;
Au sein des camps on le trouva toujours :
Ennemi franc de toute tyrannie,
 Il condamnait tous les excès;
Mais la valeur enflammait son génie,
  Voilà *l'honneur français.*

L'honneur français n'est point un météore,
C'est un soleil qui ne peut s'éclipser,
Car ses rayons du couchant à l'aurore,
Du nord au sud, ont su tout embrasser !
Par des revers notre gloire enchaînée,
 Remit au temps ce grand procès,
Le temps vainqueur, fixant sa destinée,
  Soutient *l'honneur français!*

Pour ne pas voir tant de gloire perdue,
Quand nos guerriers se vouaient à la mort,
On vit soudain la haine suspendue;
Leurs fiers rivaux gémirent sur leur sort :

« Braves, cédez, car la force prononce,
    « Et vous lutteriez sans succès. »
A ce discours qui dicta la réponse?
    Ce fut l'*honneur français!*

Pendant vingt ans aux peuples de la terre,
L'honneur français s'offrit dans sa splendeur!
Pendant vingt ans, tout, jusqu'à l'Angleterre,
De ce soleil craignit la vive ardeur:
Pour l'obscurcir une jalouse rage,
    En vain se livre à ses accès,
On chante encor, quand on a du courage :
    Gloire à l'*honneur français!*

LA CHARTE.

HOMMAGE AU ROI LÉGISLATEUR !

Air : Du verre.

Quand, par le plus sage des rois,
La liberté fut consentie,
Français, de vos plus justes droits,
La Charte fut la garantie,
C'est un talisman de bonheur,
Si chacun lui reste fidèle,
A la Charte rendons honneur !
Et qu'elle devienne immortelle.

Air : Du premier pas.

Le premier pas
Vers notre loi suprême,
C'est d'oublier nos malheureux débats.
La loi soutient l'éclat du diadême;
Et Louis fit pour un peuple qu'il aime,
Le premier pas.

Air : Un page aimait la jeune Adèle.

Français, rendons un pur hommage
Au monarque législateur,
Qui, d'un Dieu nous offrant l'image,
Des hommes fut le bienfaiteur.
Il a comblé notre espérance,
Jurons tous d'observer ses lois,
La Charte donnée à la France,
Vaut mieux que les plus beaux exploits.

Air : Du premier baiser d'amour.

Roi d'un peuple aimant et facile,
Ta sagesse fit des heureux.

Louis, ton règne, doux, tranquille,
De tes enfans combla les vœux :
Tes lois rendent le Français libre,
Nouveau *Numa*, nouveau *Titus*!
Ces anciens demi-dieux du Tibre,
Au monde offraient-ils tes vertus?

APPEL AUX PARISIENS.

MARS 1814.

Air : La Victoire en chantant.

O Paris ! entends-tu les hurlemens féroces
    Des monstres qu'a vomis le Nord ?
Les torches à la main, vois ces brigands atroces *
    Dans tes murs promener la mort !
    Vois ton fleuve grossi de larmes ,
    Tes palais changés en tombeaux,
    Si ton peuple ne prend les armes
    Pour exterminer ces bourreaux !
    Réveille-toi, lance la foudre !

* On pardonnera ces expressions en songeant qu'on ne s'entretenait alors que des horreurs commises dans la Champagne par les Cosaques.

Qu'aux yeux de l'univers surpris,
Les barbares soient mis en poudre
Au pied des remparts de Paris!

Verras-tu dans le deuil tes familles plongées,
　　Et, sous les coups de la fureur,
Tes monumens détruits, tes vierges outragées,
　　Tes vieillards expirant d'horreur!
　　Dans leur sacrilège licence,
　　Verras-tu les plus vils mortels
　　Braver la céleste puissance,
　　En profanant les saints autels?
　　Réveille-toi; lance la foudre!
　　Qu'aux yeux de l'univers surpris,
　　Les barbares soient mis en poudre
　　Au pied des remparts de Paris!

La patrie et l'honneur sont les dieux de la France!
　　Paris, sois fidèle à leurs lois!
De la paix la valeur te donne l'assurance;
　　Elle est promise à tes exploits :
　　Le temps qui, dans son vol, entraîne
　　Fortune, grandeur et beauté,

De tes enfans, ô cité reine!
Assure l'immortalité!
Réveille-toi; lance la foudre!
Qu'aux yeux de l'univers surpris,
Les barbares soient mis en poudre
Au pied des remparts de Paris!!! *

* Le 30 mars, à 10 heures du matin, ce chant guerrier retentissait encore dans plusieurs quartiers de Paris, au bruit du canon des alliés.

AUX ARMES, FILS D'HECTOR!

AUX ARMES!

Air : Du réveil du peuple.

Que n'ai-je les accens d'un *Gracque*,
Pour exciter votre fureur!
Qu'au nom d'un ignoble Cosaque
Tout Français frémisse d'horreur!
Quoi! par eux le sang et les larmes
Ont arrosé le sol des Francs :
Aux armes, fils d'Hector! aux armes!
Du nord, écrasons les brigands!

Ces Cosaques, demi-sauvages,
De l'humanité les fléaux,
Dévastateurs de nos rivages,

Sont couverts de hideux lambeaux :
Toujours avides de rapines
Ces tigres, ô ville d'Isis !
Pensent venir sur tes ruines
Souiller les tombes de tes fils.

Bons habitans de nos campagnes,
Ces monstres, sortis de l'enfer,
Outrageant nos chères compagnes,
Apportent la flamme et le fer :
Vos troupeaux sont en leur puissance,
Vos vins, votre bled et votre or ;
Et vos vierges, de l'innocence
N'ont pu conserver le trésor.

Terre des Gaules, sois baignée
Du vil sang d'un peuple assassin !
Mais je crois te voir indignée,
Les repousser hors de ton sein.
Qu'ils soient privés de sépulture,
O France ! que de tes bourreaux
Les corps deviennent la pâture
Et des vautours et des corbeaux.

Tremble lâche et perfide engeance
Dont le crime a marqué les pas ;
La main du Dieu de la vengeance
A sonné l'heure du trépas :
Quoi! par toi le sang et les larmes
Ont arrosé le sol des Francs!
Aux armes, fils d'Hector! aux armes!
Du Nord écrasons les brigands! *

* Cette pièce publiée en mars 1814, sous le titre: *Les cosaques, ou les brigands du Nord*, parvint au camp des alliés, qui eurent le bon esprit de ne s'en point fâcher. Après leur entrée à Paris, plusieurs officiers russes se présentèrent chez Aubry, libraire éditeur, au Palais de Justice, pour se la procurer; mais on avait eu soin de détruire tous les exemplaires. Loin de manifester du ressentiment, ils louèrent le patriotisme de l'auteur.

LE 30 MARS 1814.

ou

LE DÉVOUEMENT HÉROIQUE

DES

Élèves de l'École Polytechnique.

Air à faire.

Quand pour nous l'espérance
Rallume son flambeau,
Chantons ce que la France
A produit de plus beau !
Sur une illustre tombe
Qu'arrosèrent nos pleurs,

Offrons une hécatombe
De lauriers et de fleurs.

De la cité chérie
Gloire aux soutiens zélés ;
Ceux qui pour la Patrie
Se sont tous immolés !

Effrayant nos compagnes,
Lorsque vingt Potentats
Poussaient dans nos campagnes
Un monde de soldats,
Contre mille cohortes
Paris se défendait ;
Des Rois, près de ses portes,
La foudre en vain grondait

De la Cité chérie
Gloire aux soutiens zélés ;
Ceux qui pour la Patrie
Se sont tous immolés !

L'honneur sous mille entraves
N'est jamais comprimé ;

Mais que pouvaient nos braves
Contre le monde armé?
Si la valeur succombe,
A son destin soumis,
Chaque Français ne tombe
Qu'avec dix ennemis.

De la cité chérie
Gloire aux soutiens zélés;
Ceux qui pour la Patrie
Se sont tous immolés!

D'une École célèbre
Les Elèves ardens,
Marquent ce jour funèbre
Par cent faits éclatans,
Exempts de toutes craintes,
En défiant le sort,
Sur leurs foudres éteintes
Ils attendent la mort!... *

* On sait que plusieurs de ces intrépides jeunes gens n'ayant plus rien à mettre dans leurs pièces, les précipitèrent sur l'ennemi du haut de la butte Chaumont, tandis que les autres se couchèrent sur les leurs pour y attendre la mort.

De la cité chérie
Gloire aux soutiens zélés ;
Ceux qui pour la Patrie
Se sont tous immolés !

Enfans de cette École,
Par vos nobles travaux,
Des vieux guerriers d'*Arcole*
Vous fûtes les rivaux !
Trahis par la Victoire
Dont vous pariez l'autel,
Vous léguez à l'Histoire
Un renom immortel ?

De la cité chérie
Gloire aux soutiens zélés ;
Ceux qui pour la Patrie
Se sont tous immolés.

Athène, Sparte et Rome,
Parmi vos généraux,
Offrites-vous un homme,
Plus grand que nos héros ?

A la France fidèle,
En eux l'honneur parla,
Quand pour triompher d'elle
L'Europe s'ébranla!...

De la cité chérie
Gloire aux soutiens zélés ;
Ceux qui pour la Patrie
Se sont tous immolés !

LES VELLÉITÉS FÉODALES.

DIALOGUE

Entre un Homme des Anciens Jours

ET

Un Ci-Devant Vilain.

1814.

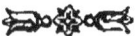

Air : des Folies d'Espagne.

L'HOMME DES ANCIENS JOURS.

Hommes nouveaux, quoi! malgré nos ancêtres,
Vous essayez par d'insolens discours,
De ravaler la gloire de vos maîtres,
Quand vous devez implorer leur secours.

LE CI-DEVANT VILAIN.

Nos maîtres! Vous, neveux d'hommes illustres,
Rayez ces mots; ils ne sont plus français :
L'erreur en vain plaide depuis vingt lustres,
Mais la raison a gagné son procès.

L'HOMME DES ANCIENS JOURS.

Non, non; tenir le vilain à la gêne
Sera toujours l'objet de nos désirs;
Sans l'accabler sous une lourde chaîne
Nous ne pourrions goûter de vrais plaisirs.

LE CI-DEVANT VILAIN.

Noble seigneur, la chose est mal aisée,
Quand le bon sens a reconnu nos droits :
La chaîne tombe; elle était trop usée;
Mais comme vous nous servirons nos rois.

L'HOMME DES ANCIENS JOURS.

N'aviez-vous point jadis cet avantage
En nous suivant au milieu des combats?

Lorsque la gloire était notre partage,
On vous laissait l'honneur d'un beau trépas.

LE CI-DEVANT VILAIN.

Nous combattions ainsi que des esclaves,
Sans nul espoir d'un sort plus glorieux ;
La faux du temps a brisé nos entraves,
Et la valeur remplace nos ayeux.

L'HOMME DES ANCIENS JOURS.

En invoquant votre sanglante reine,
N'espérez pas parvenir à nos rangs :
Les descendans des *Bayard*, des *Turenne*,
Seront toujours les hommes les plus grands.

LE CI-DEVANT VILAIN.

Vos fiers ayeux ont transmis leur courage
A la patrie, objet de notre encens !
Leurs noms pour vous du hasard sont l'ouvrage ;
Et sans vertus ces noms sont impuissans.

L'HOMME DES ANCIENS JOURS.

Vous outragez les vainqueurs de *Ravenne*,
De *Marignan*, des *Dunes*, de *Rocroy*.
Et vous puisez une audace si vaine
Dans un sang vil qui du nôtre est l'effroi.

LE CI-DEVANT VILAIN.

Vos préjugés seuls ont fait la bascule ;
Nous respectons tous ces héros divers :
Le sang des rois dans nos veines circule ;
On sait qu'Adam fut roi de l'univers !

L'HOMME DES ANCIENS JOURS.

L'égalité, cette absurde chimère,
De la discorde alluma les brandons ;
La liberté de vos maux fut la mère :
Vous n'avez fait qu'abuser de ses dons.

LE CI-DEVANT VILAIN.

Pour nous tromper, trop souvent le reptile

Au pur breuvage a mêlé son poison ;
Mais la leçon ne fut pas inutile :
Nous savons tous d'où vint la trahison.

L'HOMME DES ANCIENS JOURS.

Nous réclamons l'encensoir et la dîme,
Et tous ces biens qu'on osa nous ravir :
Si nous n'avons jusqu'au dernier centime,
Contre le peuple on nous verra sévir.

LE CI-DEVANT VILAIN.

Sur les donjons de vos châteaux antiques
En déroulant des titres vermoulus,
Vous exhumez des ruines gothiques
Vain souvenir des temps qui ne sont plus.

L'HOMME DES ANCIENS JOURS.

Ah ! pourrions-nous, perdant nos priviléges,
Céder la palme à des hommes nouveaux ?
Nous le jurons ; malheur aux sacriléges
Qui prétendraient devenir nos égaux.

LE CI-DEVANT VILAIN.

Quoi! c'est ainsi qu'on pense à votre école!
Vous voulez voir nos braves avilis;
Mais sur leurs fronts sont les lauriers d'*Arcole*,
De *Marengo*, d'*Iéna*, d'*Austerlitz*!

LES DERNIERS EFFORTS

DU FANATISME,

OU LES PREMIERS SYMPTOMES

DU RETOUR DES JÉSUITES.

Air : Du réveil.

Garde à vous! Français, que l'on veille;
Couvert de meurtres et de sang,
Le fanatisme se réveille;
Il se glisse dans chaque rang;
Ce monstre au teint blême, à l'œil louche,
Répand le mensonge et l'erreur;
Le poison qui sort de sa bouche,
Des sots allume la fureur.

Déjà contre deux morts célèbres,
Tout son courroux s'est exalté,
Il voudrait au sein des ténèbres
Plonger encor la vérité ;
Mais la raison voit les présages
De mille triomphes nouveaux,
Quand la déesse de nos sages
Se retranche vers leurs tombeaux.

De-là, contre la calomnie,
Contre les complots des pervers,
L'éclat des flambeaux du génie
Resplendira dans l'univers !
Oubliant tout livre futile,
Le monde n'aura plus qu'un cri :
Gloire *au modeste auteur d'Émile,
Au chantre divin de Henri !*

Par eux l'amour de la patrie,
Dans tous les cœurs vint respirer,
Par eux la sottise flétrie,
Au jour n'osait plus se montrer :

De *Jean-Jacques* et de *Voltaire*,
Les noms chers à l'humanité,
Avec leur gloire toute entière,
Survivront dans l'éternité.

Grâce à l'appui de l'ignorance
Et de la superstition,
Assez long-temps l'intolérance
A flétri la religion,
Les vils suppôts de l'imposture
Ne tromperont plus les mortels;
Et du vrai Dieu de la nature
L'homme encensera les autels?

A LA MÉMOIRE

DU

Brave Prince Joseph-Auguste Poniatowski,

QUI SE PRÉCIPITA DANS L'ELSTER APRÈS LA DÉROUTE
DE LEIPSICK.

Air : du Lancier Polonais.

Il n'est plus ce brave Sarmate!
Il n'est plus cet enfant de Mars !
Partout que la douleur éclate ;
Il tombe avec ses étendards.
Sort cruel, qui brisas sa lance,
Tu n'as pu flétrir ses succès :

D'Auguste chantons la vaillance,
Célébrons l'ami des Français.

Quittant la Pologne asservie,
Quoiqu'issu du sang de ses rois;
Au peuple consacrant sa vie,
Il jura de venger ses droits !
Sort cruel, etc.

Il adopte une autre patrie
Pour atteindre son noble but;
Par lui notre France est chérie :
Tout brave lui doit un tribut.
Sort cruel, etc.

Ce héros partagea la gloire
Que nous enviait l'univers !
On a vu même la Victoire
Le suivre encor dans nos revers.
Sort cruel, etc.

Bravant tout, ce nouvel Alcide,
Par les dieux que nous adorons,

Par l'honneur, notre unique égide,
Dirigeait ses fiers escadrons.
Sort cruel, etc.

A l'honneur livré sans partage,
En tous lieux fidèle à ses lois :
L'Èbre, le Danube et le Tage
Ont vu ses immortels exploits.
Sort cruel, etc.

Ah! pleurons l'illustre victime
Immolée à l'honneur trahi :
Hélas! ce héros magnanime
Dans les flots fût enseveli.
Sort cruel, etc.

Trop souvent la valeur succombe,
Mais il reste un nom au guerrier :
Gloire au brave qui dans la tombe
Dort sous un berceau de lauriers.
Sort cruel, etc.

Cette gloire est mieux assurée
Que celle des vingt potentats,

Qui, sur la France dévastée,
Poussaient un million de soldats.
Sort cruel, etc.

Que l'âme, de douleur brisée,
Se r'ouvre à la félicité;
Ce héros est dans l'Élysée,
Au sein de l'immortalité.

Sort cruel, qui brisas sa lance,
Tu n'as pu flétrir ses succès :
D'Auguste chantons la vaillance;
Célébrons l'ami des Français.

LES CAUSES DE NOS MAUX.

Air : C'est la faute de Voltaire.

Depuis long-temps un dicton,
Se propage dans la ville,
Et chez les gens du bon ton,
On le chante en vaudeville,
Si ce goût n'est pas nouveau,
C'est la faute de *Rousseau*,
   Aux malins s'il sait plaire,
C'est la faute de *Voltaire*.

Par la sottise conduits,
Les ministres du mensonge
Veulent qu'au fond de son puits

CHANSONS

La vérité se replonge;
Si leur vœu tombe dans l'eau,
C'est la faute de *Rousseau*,
　Si l'on veut le contraire,
C'est la faute de *Voltaire*.

Grâce à nos docteurs nouveaux,
On apprend d'étranges choses,
Selon eux, de tous nos maux,
Les lumières sont les causes;
S'il nous gèle un arbrisseau,
C'est la faute de *Rousseau*,
　Et s'il tonne en frimaire,
C'est la faute de *Voltaire*.

Oui, tout le mal qui se fait,
Vient de la philosophie,
Par elle chaque forfait,
Aisément se justifie,
Séide prend un couteau,
C'est la faute de *Rousseau*,
　S'il poignarde son père,
C'est la faute de *Voltaire*.

Sous les dents du chien altier,
Quand l'Américain expire,
Quand la mort d'un peuple entier,
Donne à l'Espagne un empire,
Si ce peuple est au tombeau,
C'est la faute de *Rousseau*,
Si l'homme est sanguinaire,
C'est la faute de *Voltaire*.

Médicis, dans un accès
De son affreux fanatisme,
Fait couler le sang français,
Pour déraciner le schisme !
Si son fils fut un bourreau,
C'est la faute de *Rousseau*,
S'il a souillé la terre,
C'est la faute de *Voltaire*.

Un million de guerriers,
Détruisant notre espérance
A moissonné nos lauriers
Et désolé notre France.
Si nous eûmes ce fléau

C'est la faute de *Rousseau ;*
　Tous les maux de la guerre
Sont la faute de *Voltaire.*

Méprisant des délateurs
La horde vile et méchante,
Pour oublier ses malheurs,
Le Français boit, rit et chante :
S'il s'exalte le cerveau,
C'est la faute de *Rousseau ;*
　Si la gloire l'altère,
C'est la faute de *Voltaire.*

COMM' ÇA S'RA BEAU!

PRÉDICTION

D'UN NOBLE ADMIRATEUR DU TREIZIÈME SIÈCLE.

Air : Je loge au quatrième étage.

Partout le bonheur va renaître
Si la raison rentre au berceau ;
Le monde, enfin, va reconnaître
Qu'il a tourné dans un cerceau :
De cette absurde tolérance
On désertera le drapeau ;
Puis, l'inquisition en France !
  Comm'ça s'ra beau ;
  Comm'ça s'ra beau !

C'est alors que de la lumière
S'éteindra le dernier flambeau,
Et que des sots la fourmilière
Conduira l'esprit au tombeau ;
De *Jean-Jacques* et de *Voltaire*
En ne voyant plus un lambeau,
Les raisonneurs devront se taire,
 Comm'ça s'ra beau;
 Comm'ça s'ra beau!

Le *vilain*, qui, par l'insolence
Traitait le noble *d'oripeau*,
Honorera notre excellence,
Et nous ôtera son chapeau :
Retournant des temps où nous sommes,
Au temps de la reine *Isabeau*,
On nous croira plus que des hommes :
 Comm'ça s'ra beau;
 Comm'ça s'ra beau!

LE
DERNIER SOUPIR DES BRAVES.

LA GARDE MEURT; ELLE NE SE REND PAS!

Air : Vous me quittez pour voler à la gloire.

Guerriers si fiers d'avoir soumis la France,
De vos exploits, parlez un peu plus bas,
Rappelez-vous avec quelle assurance,
La garde meurt; elle ne se rend pas!

Pour votre honneur, croit-on qu'une bataille,
Fasse oublier des milliers de combats?

Quand sous les coups de l'affreuse mitraille,
La garde meurt; elle ne se rend pas.

A la victoire, elle a dans sa carrière
Marché vingt ans de climats en climats;
La gloire en deuil traça sur sa bannière :
La garde meurt; elle ne se rend pas !

Bons habitans des champs de Germanie,
Où tant de fois Mars a guidé ses pas,
De la valeur honorez le génie :
La garde meurt; elle ne se rend pas !

Fier Espagnol, dont le patriotisme,
S'est signalé dans de sanglans débats,
L'honneur t'appelle à juger l'héroïsme :
La garde meurt; elle ne se rend pas !

Vous qu'on a vus au bord de la Tamise,
Assez long-temps trembler pour vos États,
Enviez-nous cette fière devise :
La garde meurt; elle ne se rend pas !

Toi qui connus sa valeur sans seconde,
Peuple du Nord, rends grâce à tes frimats;
Sans eux la France eût régné sur le monde :
La garde meurt; elle ne se rend pas!

Aux bords du Nil, des palmes éclatantes,
Ont maintes fois ombragé nos soldats,
L'Arabe aussi répète sous ses tentes :
La garde meurt; elle ne se rend pas!

En gémissant les échos de Belgique,
Dans leurs vallons, près des champs des combats,
Poussent encor ce soupir héroïque :
La garde meurt; elle ne se rend pas!

Vil délateur, dont la voix délirante,
Poursuit le brave au-delà du trépas,
Entends ce cri de la valeur mourante :
La garde meurt; elle ne se rend pas!

LE DEUIL DE LA FRANCE.

Air : Hélas! comment donc faire.

Ou : Allons, prenons courage.

Cesse tes chants, ô France!
Prends tes habits de deuil;
Ta plus chère espérance
Est au fond du cercueil :
Quand, du sein des ténèbres,
L'ange noir a parlé,
Sous des crêpes funèbres
Ton astre s'est voilé.

O ma chère patrie !
O mère des guerriers !
Quoi ! la parque en furie

Effeuille tes lauriers !
Mais en vain la victoire
A trahi ta valeur ;
Console-toi, la gloire
Partage ta douleur.

Cette gloire immortelle
Qu'adorent tes enfans,
Leur demeure fidèle,
Ils tombent triomphans :
Et ce cri que l'histoire
Transmet à l'univers,
Pour eux change en victoire
Le plus grand des revers.

A MA PATRIE!

OU

CE QU'IL FAUT FAIRE DANS LE MALHEUR.

Air : A peine au sortir de l'enfance.

O France ! ô ma chère patrie !
Quand tu gémis dans la douleur,
L'âme par la haine flétrie
Voudrait douter de ton malheur ;
Mais en vain l'olivier ombrage,
Le séjour des neveux d'*Hector*.
Pour eux la paix n'est plus le gage
Du retour d'un autre âge d'or.

Lorsque vingt peuples à la ronde
Éprouvent les mêmes regrets,
Des dieux qui régissent le monde,
Faut-il admirer les décrets ?
Ou faut-il expirer de rage
A l'aspect d'un sombre avenir ?
Non. Il faut vivre de courage,
D'espérance et de souvenir.

LA LIGUE
DES
ULTRAS ANGLICANS,
1815.

Air : De Calpigi.

Quelle est cette ligue gothique,
Qui préconise un siècle antique,
Vante le règne des catins,
Et des frères ignorantins?
Elle a su réunir dans l'ombre
L'esprit, les talens et le nombre;
Mais à ses yeux on n'est Français,
Que par la grâce des Anglais.

Ce qu'on nomme philosophie,
Cause le tourment de sa vie,
Elle craint un jour radieux:
La lumière offusque ses yeux;
Elle est peu sensible à la gloire
Acquise ailleurs que vers la *Loire*,
Et dans ses rangs on n'est Français,
Que par la grâce des Anglais.

Chaque jour aux sujets fidèles,
Elle prêche dans vingt libelles
La morale des capucins,
Quand elle absout des assassins : *
Et dans sa haine trop marquée,
La bande noire est provoquée
A s'armer contre les Français,
Qui ne veulent pas être Anglais.

Les progrès de notre industrie,
Qui font l'orgueil de la patrie,
Des beaux-arts le laurier vainqueur,

* Ceux de Nimes et d'Avignon.

Rien de ça ne touche son cœur :
Il faut à ses vœux sacriléges,
Du pouvoir et des priviléges;
Surtout ne se dire Français,
Que pour admirer les Anglais.

Les morts illustres qu'elle outrage,
Prouvent d'une implacable rage,
Les accès toujours renaissans,
Et pourtant toujours impuissans.
Elle peut se montrer infame;
Mais c'est en vain qu'elle diffame
La mémoire d'un bon Français,*
On sait qu'il vainquit les Anglais.

Tel est l'esprit de cette ligue,
Qui près des cabinets intrigue,
Et qui croit que les potentats,
Pour sa cause arment leurs soldats;

---

* Le général Brune, assassiné à Avignon.

Des collègues d'un *Lazarille*
Dont l'esprit aux yeux des sots brille!
En dépit d'eux, soyons Français;
Et nargue aux amis des Anglais.

LE TOMBEAU DES BRAVES.

Air : Vous m'ordonnez de voler à la gloire !

Ils sont passés ces momens de délire
Où la gaîté célébrait la valeur :
Mouillant de pleurs les cordes de sa lyre,
Ma muse en deuil invoque la douleur.

En vain la haine en des momens si graves
Voudrait tenir notre zèle en suspens ;
L'honneur français sur la tombe des braves,
A de la haine écrasé les serpens.

Les fiers enfans de Mars et de Bellone
Ont succombé ; mais l'immortalité,
Avec leurs noms, transmet sur sa colonne
Leurs grands exploits à la postérité.

Leur fier drapeau, pendant vingt ans d'alarmes,
Flotta vingt fois chez vingt peuples divers :
Quel bon Français peut refuser des larmes
A ces guerriers qu'admire l'univers !

Champs de douleur ! ô plaines de Belgique !
A votre aspect si le cœur est serré,
Il se dilate au soupir héroïque
Qu'exhale encor le *bataillon sacré !*

Autour de lui, tandis que l'airain tonne,
Qu'un fer sanglant décime ses guerriers,
A sa valeur, qu'aucun danger n'étonne,
La gloire encor présente des lauriers !

Seul il soutient les efforts d'une armée;
Partout la mort à ses yeux vient s'offrir :
Il pourrait fuir; mais à sa renommée
Toujours fidèle, c'est là qu'il doit périr.

L'Anglais surpris veut suspendre l'orage,
Car son orgueil pâlit d'un tel succès;

Il veut en vain enchaîner le courage,
L'air est frappé par ce cri *si français!* *

Clio gémit, en reprenant sa plume,
De noirs cyprès son front est couronné,
L'éclair jaillit, la foudre se rallume,
L'airain mugit, le brave est moissonné.

Ils ne sont plus! de fleurs couvrons leur cendre,
Toujours Français, ces braves outragés,
Dans le tombeau sans crainte ont su descendre
Morts pour l'honneur, ils sont assez vengés.

* La garde meurt, et ne se rend pas.

L'ÉTOILE DES BRAVES

OU

LA BOUSSOLE DES FRANÇAIS.

1817.

Air : Du verre.

O France! que font tes guerriers?
Au sein d'une douleur profonde,
Ils gémissent sous des lauriers
Qui naguère ombrageaient le monde!
Mais en te souvenant toujours
Que ta gloire fut leur ouvrage,
De leurs maux tu suspends le cours,
Et tu ranimes leur courage.

Mais quoi ! dis-tu, ces fiers soldats
Voudraient-ils, rallumant la guerre,
Asservir encor des États,
Et mettre en feu toute la terre?
Non, non ; ne leur suppose pas
Une si coupable espérance :
Ils t'offrent leurs cœurs et leurs bras
Pour sauver ton indépendance.

Vois-tu l'*Étoile de l'honneur?*
C'est le seul prix qui les console ;
En leur tenant lieu de bonheur,
De tes enfans c'est la *boussole.*
Avec ce signe chacun d'eux
Brise les plus fortes entraves ;
Il triomphe ou meurt glorieux :
Son *Étoile* est celle des *braves!*

Le seul espoir de l'obtenir,
De notre jeunesse brillante
Fixant les yeux sur l'avenir,
Exalte la tête bouillante :

En dépit des cris forcenés
Que pousse en vain la malveillance,
Elle sait que de ses aînés
Ce signe annonce la vaillance.

Tout bon Français qui sur son cœur
Avec orgueil toujours l'admire,
Du sort défiant la rigueur,
Présente encor ce point de mire :
C'est-là, dit-il, qu'il faut frapper,
Anglais, pour avoir la victoire :
L'honneur que tu crois usurper,
Ne te suivra point dans l'histoire.

Le calme renaît du repos ;
Sur le passé jetons un voile,
Puisque l'honneur sous nos drapeaux
Voit toujours briller son *Étoile* !
Vous, qui dans un profond sommeil
Contemplez la France plongée,
Tremblez ! au jour de son réveil,
Sa gloire sera bien vengée.

LE BRONZE D'AUSTERLITZ,

OU

LA COLONNE TRIOMPHALE DES FRANÇAIS.

Air : Un jeune enfant un casque en main.

D'un torrent pour tracer le cours
Choisit-on le marbre ou la pierre ?
La France, en soixante-dix jours,
Conquit la Germanie entière !
Ses grands destins étaient remplis,
Quand des arts la main libérale
Lui fit du *bronze d'Austerlitz*
Une colonne triomphale.

Fiers conquérans de tant d'Etats,
Premiers favoris de Bellone,
Qu'ils sont illustres ces soldats
Qui décorent cette colonne !
Marchant toujours au nom des lois,
Malgré la discorde infernale,
On lit leur nom et leurs exploits
Sur la colonne triomphale.

L'Europe que guidaient vingt rois
Ligués par l'esprit de vengeance,
En nous accablant de son poids
Rendit hommage à la vaillance !
Dans nos guerriers elle admira
Ce dévoûment que rien n'égale ;
Et sa haine enfin expira
Sur leur colonne triomphale.

Héros fameux de *Marathon*,
De *Salamine* et de *Platée*,
Vous accueillîtes chez Pluton
Des Francs la phalange indomptée :

Vous déplorâtes nos revers,
Vainqueurs d'*Arbelle* et de *Pharsale* ;
Mais nous montrons à l'univers
Notre colonne triomphale.

O France ! qu'il me soit permis,
Parlant sans fiel et sans emphâse ;
De ta gloire les ennemis
Voudraient seuls en saper la base ;
Mais leurs vains projets passeront
Comme une aurore boréale,
Et nos immortels resteront
Sur la colonne triomphale.

Salut, beau monument des arts !
Des braves, colonne chérie !
Salut, orgueil de nos remparts !
Salut, gloire de ma patrie !
Tout Français bénit son destin,
Lorsque l'amante de Céphale
Vient redorer, chaque matin,
Notre colonne triomphale.

L'ARC DE TRIOMPHE

DU CARROUSEL.

1817.

Air : Mes chers amis, laissez-moi mon erreur.

De tes guerriers, ô ma patrie !
Je ne chante plus les succès,
Mais toujours ma muse chérie
M'inspire des sujets français :
J'ai célébré la superbe colonne
Qui porte aux cieux tes courageux enfans,
Ce monument élevé par Bellone,
Nous montre encor ces héros triomphans.

O douleur que le temps augmente !
Quoi ! ce chef-d'œuvre précieux

Est tel qu'une femme charmante
Que l'on priverait de ses yeux !
Il nous offrait la victoire fidèle ;
Il retraçait des combats de géans ;
Enfin partout une gloire immortelle
Y couronnait nos guerriers triomphans.

Lorsque tout a changé de face,
O France! à l'ombre de tes lois,
Faut-il que le burin efface
Le souvenir de tes exploits ?
Pour quelques traits qu'on a voulu soustraire,
On supprima les exploits des vaillans :
De leurs travaux cet arc est le salaire ;
Replaçons y des tableaux triomphans *.

Vérité, brise tes entraves,
Et dis avec quelle fierté
A mes yeux paraissent huit braves,

---

* Ce vœu vient d'être rempli; et six nouveaux bas-reliefs offrent à l'admiration les principaux faits du héros pacificateur de l'Espagne, en 1823.

Enfans de l'immortalité !
Les voilà bien ces soldats de toute arme,
Qu'un art divin semble rendre vivans :
C'est dans leurs mains que l'Europe en alarme
Vit tant de fois nos drapeaux triomphans.

Partout je vois des renommées
Publiant le nom des guerriers,
Et ces fleuves dont nos armées
Couvraient les urnes de lauriers.
Mille instrumens qui mettaient tout en poudre,
Grâce à la paix ne sont plus effrayans;
Mais quand je vois leurs palmes et leur foudre,
Je dis : Honneur aux Français triomphans.

CHANSONS

PERDONS LE SOUVENIR,

ET

GARDONS LE SOUVENIR.

Air : Du vaudeville de madame Scarron.

Assez long-temps la discorde
A troublé notre bonheur ;
Aujourd'hui chacun s'accorde
Sur les mots patrie, honneur !
O vertu de nos ancêtres !
Puisqu'on ne peut te ternir,
Des lâches et des traîtres
  Perdons le souvenir.

En trinquant,
En buvant,
Que chacun entonne
Un joyeux refrain
Qui mette tout le monde en train.
Le bonheur,
Le malheur
N'ont rien qui m'étonne ;
Le verre à la main,
Amis, buvons jusqu'à demain.

Ce n'est plus que dans l'histoire
Que je vois nos fiers guerriers,
Partout fixant la victoire
Se couronner de lauriers.
La paix enchaîna leur zèle
Que rien n'eût pu contenir ;
Mais leur gloire immortelle
M'offre un beau souvenir !

En trinquant,
En buvant,
Que chacun entonne

Un joyeux refrain
Qui mette tout le monde en train.
Le bonheur,
Le malheur
N'ont rien qui m'étonne ;
Le verre à la main,
Amis, buvons jusqu'à demain.

AUX DÉTRACTEURS

DE LA GLOIRE FRANÇAISE,

Qui prétendent que le brave Cambronne n'a pu crier :
LA GARDE MEURT ET NE SE REND PAS ! attendu qu'il
n'est point mort et qu'il s'est rendu.

Air : Je vais partir, Agnès l'ordonne.

En vain pour flétrir la vaillance
La haine s'attache à ses pas.
Cambronne, dit la malveillance,
Se rendit et ne mourut pas.
D'une imposture aussi grossière,
L'auteur est bientôt confondu :
Mourant, couché sur la poussière,
Un brave est pris !... *s'est-il rendu ?*

AU BELGE

Qui revient de visiter le champ de bataille

DE WATERLOO.

Air : Près de trois palmiers solitaires.

Où gisent les cendres chéries
De l'élite de nos guerriers?
As-tu vu des plaines fleuries,
Et des champs couverts de lauriers ?
Hélas ! je prévois ta réponse;
Tes yeux, dans ce champ des douleurs,
N'ont pu distinguer que la ronce
Dont l'épine a percé nos cœurs.

LA MORT AVEC TOUS SES AVANTAGES.

Air : Du ballet des pierrots.

En célébrant Zéphire et Flore,
Les bois, les vallons, les ruisseaux,
Souvent les larmes de l'aurore
Ont dû couler de mes pipeaux :
J'ai chanté l'amour sous la treille
En buvant je bravais le sort ;
Le temps vient briser ma bouteille :
Eh bien ! je vais chanter la mort.

La mort est partout dans ce monde ;
Or, faites bien attention

Que c'est sur elle que se fonde
Le rang, l'orgueil, l'ambition;
L'homme, y trouvant son avantage,
De la dénigrer aurait tort;
S'il recueille un riche héritage,
C'est par un bienfait de la mort.

Au palais comme à la chaumière,
On connaît cette vérité;
Telle on voit briller la lumière
Au milieu de l'obscurité:
Un roi qui monte sur le trône,
Dans l'élan d'un premier transport,
Ceignant son front d'une couronne,
Doit rendre grâces à la mort.

Ce grand qui, fier de sa naissance,
Se croit le phénix des mortels,
A la mort, par reconnaissance,
Devrait élever des autels :
Quand de cent aïeux la mémoire
De sa noblesse est le support,

Leur nombre est son unique gloire ;
Il doit tout son lustre à la mort.

Le prélat à qui la fortune
Tient lieu de toutes les vertus,
A l'indigent, qui l'importune,
Pense que ses mépris sont dus :
Avec l'humilité chrétienne
Son luxe paraît peu d'accord,
Mais il dit souvent cette antienne :
Dieu pardonne tout à la mort.

Ce savant qui, sur le Parnasse,
S'élance avec rapidité,
Sans la mort, malgré son audace,
Manquerait l'immortalité,
Mais sa muse tragi-comique
Ne saurait faire un vain effort,
Car le fauteuil académique
Est encore un don de la mort.

En vain dans le siècle où nous sommes,
On veut parler de liberté ;

La mort seule étend sur les hommes
Le niveau de l'égalité :
De l'esclave brisant les chaînes,
Elle est le dernier reconfort,
Et le malheureux de ses peines
N'est délivré que par la mort.

Lorsque l'on voit certains bravaches
Prouver, en dépit du flatteur,
Que le hasard par fois aux lâches
Transmet un nom cher à l'honneur.
Plébéien, qu'une ardeur guerrière
A fait descendre aux sombres bords,
La France honore ta poussière !
Et tu nous fais aimer la mort.

LA GLOIRE OU LA MORT,

OU

LE SERMENT DES FRANÇAIS.

1817.

Air : Je voudrais, soit dit sans malice.

Quand sur nous la discorde altière
Fait siffler en vain ses serpens,
Que sont les maîtres de la terre ?
Qui tient leur sagesse en suspends ?
Par l'étranger, instruit à notre école,
Nous ne serons point avilis :

Nous le jurons sur les lauriers d'*Arcole*,
De *Marengo*, d'*Iéna*, d'*Austerlitz*.

Ah ! pourrait-on, sans imprudence,
Prolonger ce délire affreux,
Qui menace l'indépendance
D'un peuple fier et généreux ?

Par l'étranger, instruit à notre école,
Nous ne serons point avilis.
Nous le jurons sur les lauriers d'*Arcole*,
De *Marengo*, d'*Iéna*, d'*Austerlitz*.

Guidés par leur ardeur guerrière,
Bravant sans crainte les hasards,
Les Français ont vu leur bannière
Flotter sur le Palais des Czars !

Par l'étranger instruit à leur école,
Ils ne seront point avilis.
Ils l'ont juré sur les lauriers d'*Arcole*,
De *Marengo*, d'*Iéna*, d'*Austerlitz*.

Vainqueurs du *Danube* et du *Tage*,
Du *Nil* et de la *Moskowa*,

La victoire était leur partage :
Quel destin la leur enleva?

Par l'étranger instruit à leur école,
　Ils ne seront point avilis.
Ils l'ont juré sur les lauriers d'*Arcole*,
De *Marengo*, d'*Iéna*, d'*Austerlitz*.

Sans un grand trait de barbarie,
Sans les élémens furieux,
Les guerriers de la Tartarie
Seraient-ils donc si glorieux?

Par l'étranger instruit à notre école,
　Nous ne serons point avilis.
Nous le jurons sur les lauriers d'*Arcole*,
De *Marengo*, d'*Iéna*, d'*Austerlitz*.

Quoique la France divisée
N'ait pu résister à vingt rois,
Prend-on pour une chose aisée,
Celle de lui ravir ses droits?

Par l'étranger instruit à notre école,
　Nous ne serons point avilis.

Nous le jurons sur les lauriers d'*Arcole*,
De *Marengo*, d'*Iéna*, d'*Austerlitz*.

Puisque ce n'est point au courage
Que l'ennemi dut ses succès,
Unis, nous braverons l'orage,
Nous sommes toujours les Français.
Par l'étranger instruit à notre école,
Nous ne serons point avilis.
Nous le jurons sur les lauriers d'*Arcole*,
De *Marengo*, d'*Iéna*, d'*Austerlitz*.

Tout vrai brave au nom d'Henri quatre,
Est sûr de maîtriser le sort :
Brûlant du désir de combattre,
Son vœu c'est la *gloire ou la mort*.
Par l'étranger instruit à notre école,
Nous ne serons point avilis.
Nous le jurons sur les lauriers d'*Arcole*,
De *Marengo*, d'*Iéna*, d'*Austerlitz*.

LE CHAMP D'ASILE.

1818.

Air : Du verre.

Après tant de brillans exploits,
Victimes d'une erreur profonde,
Je vois les vainqueurs de vingt rois
Errer aux champs du Nouveau-Monde.
De l'honneur les nobles débris
Cherchent une plage fertile ;
Et de ces illustres proscrits
Un désert est *le champ d'asile.*

C'est sur ces bords hospitaliers
Qu'ils ont fondé leur espérance,
Ces preux, ces vaillans chevaliers,
En s'y voyant verront la France.
Nobles enfans de la valeur,
Montrez au sort un front docile,
Triomphez enfin du malheur,
Vivez en paix *au champ d'asile.*

Puisqu'ils ont conservé l'honneur
Dans leurs cabanes solitaires,
Ils sauront trouver le bonheur
A l'ombre de lois tutélaires.
Si de nos braves diffamés,
La défense était inutile,
Que de tous lieux les opprimés
Volent en foule *au champ d'asile.*

En soutenant des pampres verts,
Leur main, devenue agricole,
Rappelle encore à l'univers
Le laurier des héros d'*Arcole.*

Mais quoi! leur cœur est enflammé
D'une autre gloire moins fragile.
Le sabre en bêche est transformé
Pour cultiver *le champ d'asile.*

Braves, arrachés au trépas,
Bénissez votre bon génie;
Vous n'entendrez plus sur vos pas
Vociférer la calomnie :
Malgré ses efforts impuissans,
L'affreux poison qu'elle distille,
Et ses outrages renaissans
N'arrivent point *au champ d'asile.*

Là, règne la fraternité
Loin du tumulte et des alarmes,
Là, d'une sage liberté
Sans trouble on y goûte les charmes.
Là, marchent, sans être rivaux,
Cincinnatus avec Achille;
Et, pour couronner leurs travaux,
L'amitié règne *au champ d'asile.*

LE DÉPART DES ALLIÉS.

ADIEUX A NOS AMIS LES ENNEMIS.

1818.

Air : A la façon de Barbari.

Quand nos amis les ennemis
S'éloignent de la France,
Et que le peuple aux lois soumis,
Se livre à l'espérance,
Les gens de bien pleurent, dit-on,
La faridondaine, la faridondon ;

Nous allons donc pleurer aussi,
>Biribi,
A la façon de Barbari,
>Mon ami.

———

Pourrait-on ne pas s'attrister
Pour des causes semblables?
Eh! comment ne pas regretter
Des gens si regrettables?
En dépit du *qu'en dira-t-on*,
La faridondaine, la faridondon,
Le verre en main pleurons ici,
>Biribi,
A la façon de Barbari,
>Mon ami.

———

Ces bons amis donnant l'essor
A leurs façons gentilles,
Buvaient nos vins, prenaient notre or,
Et caressaient nos filles;
Ils nous aimaient... à leur façon,
La faridondaine, la faridondon,

Nous devons les aimer aussi,
       Biribi,
A la façon de Barbari,
       Mon ami.

———

Tels que vingt torrens débordés,
Ils dévastaient nos rives;
Mais sur nos lauriers inondés,
Ils greffaient des olives;
A nos vainqueurs... par trahison,
La faridondaine, la faridondon,

Reconnaissance et grand merci,
       Biribi,
A la façon de Barbari,
       Mon ami.

———

Ici, qu'un grand *et cœtera*,
Termine la notice;
La postérité jugera
Toute gloire factice;
A nos yeux le héros Breton,

NATIONALES.

La faridondaine, la faridondon,
Est réputé vaillant, hardi,
   Biribi,
A la façon de Barbari,
   Mon ami.

ENCORE UN MOT

A NOS AMIS LES ENNEMIS.

OU

LA RECONNAISSANCE DES FRANÇAIS

ENVERS LEURS LIBÉRATEURS.

Air: De la Catacoua.

Ils partent, j'en ai l'assurance ;
Nous pouvons chanter désormais:
« Nos bons amis quittent la France,
« Ah ! qu'ils n'y reviennent jamais ! »

Prenant le ciel en témoignage,
Des vœux que forme mon pays,
  Malgré les cris,
  Et les écrits
Des gens d'honneur qui *sauvèrent* Paris,
Nous ferions payer leur voyage,
  A nos amis
  Les ennemis.

Si le destin trop implacable,
Contre nous toujours irrité,
D'une ligue toute semblable,
Formait un faisceau redouté,
S'il guidait son ardeur guerrière,
Vers nos champs deux fois envahis;
  Bien qu'assaillis,
  Dans nos taillis,
Et sur nos prés, si nous n'étions trahis,
Nous ferions mordre la poussière,
  A nos amis
  Les ennemis.

Vous, dont la gloire est le partage,
Malgré des oracles menteurs,
Vainqueurs du Danube et du Tage,
Conduisez nos libérateurs :
Et si ces guerriers, quoiqu'*honnétes*,
Aux lois d'un despote soumis,
  Par compromis,
  Malgré Thémis,
Reparaissaient, comme un tas de fourmis,
Vous montreriez vos bayonnettes,
   A nos amis
   Les ennemis.

—

Que chacun en vidant son verre,
Entonne de joyeux couplets;
Que la tristesse, au front sévère,
Passe la mer avec l'Anglais,
En sablant le jus de nos treilles,
Oublions des maux inouïs :
  Encor meurtris,
  Mais point flétris,

NATIONALES.

De la gaité rassemblons les débris,
  Buvons et brisons nos bouteilles,
    Sur nos amis
    Les ennemis.

LES PROSCRITS,

OU

L'AMOUR DE LA PATRIE.

1818.

Air : Muses des bois et des accords champêtres.

Cœurs généreux, vous à qui la patrie
Est chère encor malgré tous ses malheurs;
Par le chagrin quand notre âme est flétrie
A notre sort accordez quelques pleurs :
Pour nous la paix éternisa la guerre,
On nous poursuit au nom sacré des lois;

Et nous fuyons vers des lieux qui naguère
Retentissaient du bruit de nos exploits.

Honneur français ! nous quittons tes bannières,
Dont l'aspect seul peut former des vainqueurs :
Que la tristesse habite les chaumières
Où nous laissons notre espoir et nos cœurs :
Toits paternels, recevez notre hommage !
Dans les cités comme dans les hameaux,
De la Patrie offrez-nous une image ;
Son souvenir adoucira nos maux.

Proscrits, errans loin de notre famille,
Loin de la France, objet de notre amour !
A nos regards c'est vainement que brille
L'astre éclatant qui ramène le jour.
Nous ne marchons qu'au milieu des ténèbres,
L'inquiétude a devancé nos pas :
En nous voyant sous des crêpes funèbres,
Nos ennemis seuls nous tendent les bras.

Quand la raison, reprenant son empire

A des partis enchaîné la fureur,
Dans les regrets faut-il qu'un brave expire,
Pour expier une fatale erreur ?
Quoi ! le malheur pourrait-il donc abattre
Ceux que la gloire a couverts de lauriers ;
Ceux que partout l'Europe a vus combattre
Et triompher de ses plus fiers guerriers !

L'humanité doit voir sécher ses larmes,
Puisque la paix a repris son essor :
Ces potentats, qui redoutaient nos armes,
Ne veulent plus aggraver notre sort.
Lorsque jadis nos aïeux en démence
Du bon HENRI méconnurent le rang,
Il triompha, mais ce fut sa clémence
Qui de nos rois le rendit le plus grand !

De nos soupirs que la France frappée
A tous ses fils rende enfin le bonheur,
Puisqu'au besoin nos bras et notre épée
Peuvent encor soutenir son honneur ;

Mais sur les lois quand cet honneur se fonde
Nous renonçons aux plus brillans succès :
Ceux qu'on nomma premiers soldats du monde,
Sont encor fiers d'être toujours Français !

LE RETOUR DES PROSCRITS.

1819.

Air : Allons, prenons courage,
Ou : Aux filles de mémoire!

Renais à l'espérance,
Et bénis ce beau jour;
Tu les revois, ô France!
Ces fils de ton amour.

Ces preux par la tempête
Loin de nos bords jetés,

Ont dérobé leur tête
A des dieux irrités :

Renais à l'espérance,
Et bénis ce beau jour;
Tu les revois, ô France !
Ces fils de ton amour.

Des haines passagères
Plus fortes que la loi,
Aux rives étrangères
Les tenaient loin de toi :

Renais à l'espérance,
Et bénis ce beau jour;
Tu les revois, ô France !
Ces fils de ton amour.

En songeant à leur gloire,
Vois ton peuple attendri,
Même aux champs de la Loire,
Ne pousser qu'un seul cri :

Renais à l'espérance,
Et bénis ce beau jour;
Tu les revois, ô France!
Ces fils de ton amour.

Vois l'équitable histoire
Les peindre à l'univers,
Si grands par la victoire,
Si grands dans les revers!

Renais à l'espérance.
Et bénis ce beau jour;
Tu les revois, ô France!
Ces fils de ton amour.

De méchans une horde,
Dans ses coupables vœux,
En vain de la discorde
Attise encor les feux :

Renais à l'espérance,
Et bénis ce beau jour;

Tu les revois, ô France!
Ces fils de ton amour.

Avec une âme humaine
On sent que chez l'honneur,
C'est l'oubli qui ramène
La paix et le bonheur :

Renais à l'espérance,
Et bénis ce beau jour;
Tu les revois, ô France!
Ces fils de ton amour.

Ne crains plus qu'on t'offense,
Leurs corps vont te couvrir;
Toujours pour ta défense
Ils sont prêts à mourir :

Renais à l'espérance,
Et bénis ce beau jour;
Tu les revois, ô France!
Ces fils de ton amour.

Fais briller leur épée,
Et tes fiers ennemis,
Dans leur gloire usurpée,
Seront mal affermis :

Renais à l'espérance,
Et bénis ce beau jour;
Tu les revois, ô France!
Ces fils de ton amour.

L'INDIGNATION FRANÇAISE.

A l'occasion de la proposition faite au Parlement d'Angleterre
par lord Stanhope, de démembrer la France.

Air : De la gripette.

Entendez-vous cet orateur
Dans son insolente jactance,
Du monde vrai perturbateur,
Menacer notre indépendance?
  Amis, c'est un Anglais?
    Que lui répondre
    Pour le confondre?
  Disons à cet Anglais,
Que nous sommes toujours Français.

Sur tant de braves indomptés
Il épanche sa bile amère,
Et pour lui la foi des traités
Semble n'être qu'une chimère.
 Oh! c'est bien un Anglais!
  Que lui répondre,
  Pour le confondre?
 Disons à cet Anglais
Que nous sommes toujours Français.

Le barbare! il ose assurer
Que notre France fut conquise;
Qu'aux vainqueurs, de la démembrer
La permission est acquise :
 Oh! c'est bien un Anglais!
  Que lui répondre,
  Pour le confondre?
 Disons à cet Anglais
Que nous sommes toujours Français.

D'un jour s'il chante le héros
Qui s'émancipa sur nos traces,

Il sait bien qu'à ses généraux
Nous n'avons pas livré nos places :
   Oui, mais c'est un Anglais !
     Que lui répondre,
      Pour le confondre ?
   Disons à cet Anglais
Que nous sommes toujours Français.

Qu'il compte moins sur l'avenir,
Car, malgré sa haine jalouse,
Il devrait se ressouvenir
De la bataille de Toulouse :
   Pourtant c'est un Anglais !
     Que lui répondre,
      Pour le confondre ?
   Disons à cet Anglais
Que nous sommes toujours Français.

Jusqu'à la mort nos ennemis
Nous auraient tous vus les combattre;
Nos braves ne se sont soumis
Qu'à la bannière d'Henri-Quatre !
   Rougis, fourbe d'Anglais !
     Je puis répondre

Pour te confondre :
Rougis, fourbe d'Anglais!
Car nous sommes toujours Français.
Lorsque nos cent mille guerriers
Quittaient les rives de la Loire,
En renonçant à leurs lauriers,
Songe qu'ils emportaient leur gloire :
Tremble! barbare Anglais!
Je dois répondre
Pour te confondre :
Tremble! barbare Anglais!
Ces braves sont toujours Français.

LES COMPARAISONS.

A quelques Barons, Comtes et Marquis,

ANTAGONISTES

DE L'ÉGALITÉ DES DROITS.

1819.

Air : Du Berceau.

Qu'êtes-vous donc, vous, dont l'orgueil s'irrite
D'avoir perdu son éclat à nos yeux?
Qu'êtes-vous donc, vous, dont le seul mérite
Est de porter le nom de vos ayeux?

Quand le savoir obtient notre suffrage,
Que les vertus ont des droits mieux acquis,
Près du soldat qu'éleva son courage,
Qu'êtes-vous donc, barons, comtes, marquis?

Qu'êtes-vous donc, vous que l'on voit défendre
Les préjugés, les superstitions?
Qu'êtes-vous donc, vous qui voulez nous rendre
De *Loyola* les institutions?
Quand vos vertus, qui brillent en peinture,
Ne nous montrent partout que des croquis,
Près du savant qui lit dans la nature,
Qu'êtes-vous donc, barons, comtes, marquis?

Hommes d'esprit dont les *secrètes notes*
De notre France outragent les guerriers,
Que l'étranger à vos muses cagotes
Pour vos travaux décerne ses lauriers;
En écrivant pour diriger l'Europe,
Vous l'embrâsez! quel Dieu vous a réquis?
Près de l'auteur d'*Alzire* et de *Mérope*,
Qu'êtes-vous donc, barons, comtes, marquis?

Au temps jadis si l'on vit l'ignorance
D'un sang plus pur croire les nobles gens,
Ce temps n'est plus, et notre déférence
N'est que pour ceux qui montrent des talens;
Quand le génie, accompagné des grâces,
Trace des droits par la raison conquis,
Près du proscrit qui peignit les *Horaces*,
Qu'êtes-vous donc, barons, comtes, marquis?

Pour rétablir la dîme et la corvée,
Si vous pouviez ressaisir le pouvoir,
Votre puissance, un matin retrouvée,
A nos regards bientôt se ferait voir :
Des champs fleuris vous nous laisseriez l'herbe;
Ce mets pour nous vous semblerait exquis :
Et cependant pour produire une gerbe,
Qu'êtes-vous donc, barons, comtes, marquis?

PORTRAIT D'UN GENTILHOMME

DE MA CONNAISSANCE.

Air : Mon père était pot.

Voulez-vous savoir en deux mots
    Ce qu'est ce gentilhomme?
C'est le descendant d'un héros
    Qui se croit un grand homme,
        Qui croit que le sang
        De son noble flanc
    Est d'une autre nature,
        Et qui voit des dieux
        Les traits radieux
    Empreints sur sa figure.

Des parchemins et des cordons
    Forment tout son mérite;

Toujours en citant de grands noms
 Sous leur ombre il s'abrite.
  Gonflé de l'honneur,
  Et de la valeur
 De cent guerriers célèbres,
  Sans leur ressembler,
  Il voit écouler
 Ses jours dans les ténèbres.

Pour lui sans ayeux on n'est rien
 Que de la valetaille;
Aux yeux de cet homme de bien,
 Tout le peuple est canaille.
  Devant sa grandeur
  L'humble agriculteur
 Doit incliner sa tête;
  Et cet arrogant
  Méprise un savant
 Qui jamais ne le fête.

Des vieilles superstitions
 Conservant la manie,

Il repousse les notions
Qui naissent du génie;
Dès qu'il dit un mot,
Son accent cagot
Aussitôt nous indique
Les vieux préjugés
En foule rangés
Dans son cerveau gothique.

Dans le champ immense du mal
Il fait ample récolte,
Et tout sentiment libéral
Lui semble une révolte.
En dépit des lois
Il veut que ses *droits*
Ou ce que tels il nomme,
Fasse du *vilain*
Pour le *châtelain*,
Une bête de somme.

LE PLÉBÉIEN,

ou

LE DESCENDANT DES GAULOIS AU FILS DES FRANCS.

Air : du pas de charge.

Fils des Francs, gorgés de notre or,
   Pourquoi nous chercher noise?
Croyez-vous enchaîner encore,
   La nation Gauloise?
Nous avons senti vos excès;
   Mais laissons ce chapitre,
Dès long-temps nous sommes Français,
   Et c'est à plus d'un titre.

Quand de vos ayeux ce pays
　　Jadis fut la conquête,
Son peuple en esclave soumis,
　　Alors courba la tête :
Ce fut par la loi du plus fort,
　　Qu'opprimant nos ancêtres,
Ces Francs que protégeait le sort,
　　Se nommèrent leurs maîtres!

Si, bravant nos ressentimens,
　　Et provoquant les haines,
Vous pûtes quatorze cents ans,
　　Nous tenir dans les chaînes;
Votre pouvoir s'est prolongé
　　Au sein de l'ignorance,
Mais la raison seule a changé
　　Les destins de la France.

Les rangs ne sont point confondus,
　　Mais ce qui vous irrite,
On donne la palme aux vertus,
　　Aux talens, au mérite.

Eh quoi? messieurs, prétendez-vous
  Seuls vivre dans l'histoire?
Avez-vous plus d'esprit que nous,
  Plus d'honneur, plus de gloire?

Voyez-vous, la nuit, sans flambeau?
  Marchez-vous sans entraves?
Etes-vous mieux faits et plus beaux?
  Plus courageux, plus braves?
Quittez des tyrans campagnards
  Les manières étranges,
Et comptez les nouveaux Bayards
  Sortis de nos phalanges.

Nous vivons sous les mêmes lois,
  Malgré des vœux contraires,
On ne connaît plus de Gaulois
  Et les Francs sont nos frères.
Du mot de serf, la nation
  Ne se voit plus flétrie,
Vivons donc sans division,
  Aimons tous la patrie.

T'EN SOUVIENS-TU?

ou

L'AMÉRICAIN AU FRANÇAIS BANNI [*].

Air : Du Berceau.

Te souviens-tu, me disais-tu, mon frère,
Sous l'heureux toit de l'hospitalité,
Qu'on vit jadis briller cet hémisphère
Par l'innocence et par la liberté ?

---

[*] Cette chanson est de M. Francis : nous nous sommes permis de l'insérer à cause de la réponse qu'y fit l'auteur du recueil.

Ce souvenir me flatte et m'importune;
Il me rappelle un bonheur inconnu :
Mais toi qui sus maîtriser la fortune,
Dis-moi, Français, dis-moi, t'en souviens-tu?

Te souviens-tu que des champs d'Ibérie
La mort vers nous dirigea son essor?
Te souviens-tu qu'un traître à sa patrie
Fut trafiquer notre sang et notre or?
Pour conserver le sol de nos ancêtres
En vain, hélas! nous avons combattu;
Mais ton soleil éclaire aussi des traîtres:
Dis-moi, Français, dis-moi, t'en souviens-tu?

Te souviens-tu que non loin de Lutèce
S'élève un mont qui lui sert de remparts?
Te souviens-tu qu'une illustre jeunesse
Y vint braver Bellone et les hasards?
Qu'aux sombres bords, las! on la vit descendre;
Que du tombeau, célébrant sa vertu,
Un cri d'horreur part et se fait entendre!
Dis-moi, Français, dis-moi, t'en souviens-tu?

Te souviens-tu que le soufle d'Éole
A caressé tes drapeaux sur les mers?
Te souviens-tu qu'au haut du Capitole
Tes étendards commandaient l'univers?
Te souviens-tu..... Mais, ô douleur profonde!
Qu'au fond du Nord ton enseigne a paru?
Te souviens-tu de l'empire du monde!
Dis-moi, Français, dis-moi, t'en souviens-tu?

Te souviens-tu?..... l'ami, de ta paupière
Vont s'échapper deux longs ruisseaux de pleurs;
Sans te flétrir, ah! crois en ma prière;
Laisse écouler ce torrent de douleurs :
L'espoir flatteur du jour de la vengeance
Doit ranimer ton courage abattu.
Te souviens-tu que ta mère est la France?
Dis-moi, Français, dis-moi, t'en souviens-tu?

JE M'EN SOUVIENS,

RÉPONSE DU FRANÇAIS BANNI A L'AMÉRICAIN.

Air : Du berceau.

Je me souviens de ces soldats féroces,
Qui sur tes bords parurent triomphans,
Je me souviens de leurs actes atroces,
Et du Soleil je cherche les enfans !
Je me souviens de l'horrible carnage,
De tes ayeux, aux champs péruviens !
Du fanatisme, hélas ! ce fut l'ouvrage,
Je m'en souviens, ami, je m'en souviens.

Je me souviens qu'en vain l'on nous dérobe,
Ce que l'honneur peut citer de plus grand :
Je me souviens que long-temps de ce globe,
J'ai vu la France assise au premier rang !
Je me souviens de nos revers funestes,
Et ma douleur... ici je la contiens :
De nos débris, l'honneur sauva les restes,
Je m'en souviens, ami, je m'en souviens.

Je me souviens que contre ma patrie
Vingt nations marchèrent à la fois !
Pour obtenir une palme flétrie,
Je me souviens des efforts de vingt rois !
L'Europe en vain eût secondé ses maîtres,
S'ils n'eussent pu trouver d'autres moyens ;
Mais... tu le sais, la gloire a vu des traîtres :
Je m'en souviens, ami, je m'en souviens.

Je me souviens, que des hordes tartares,
En s'avançant vers les murs de Paris,
Se signalaient par des actes barbares,
Et frappaient l'air de leurs lugubres cris !

Quand de nos monts pour défendre la cime !
On vit mourir des guerriers citoyens,
Le monde a vu leur dévoûment sublime !
Je m'en souviens, ami, je m'en souviens.

Je me souviens qu'au seul nom de la gloire,
Vingt ans j'ai vu nos drapeaux indomptés !
Je m'en souviens et du *Rhin* à la *Loire*,
Ces mots fameux vont être répétés :
Fuyez regrets, fuyez douleur amère !
Déjà j'entends des braves les doyens,
Dire avec moi : Cette France est ma mère !
Je m'en souviens, ami, je m'en souviens.

APOTHÉOSE DES BRAVES,

AUX FRANÇAIS MORTS POUR LA PATRIE.

Air à faire.

Français dignes encor d'un nom cher à la gloire,
De l'Isère à l'Escaut, et du Rhône à la Loire,
    Écoutez mes accens :
Élevez avec moi le monument des braves,
Sans fatiguer le ciel en des momens si graves,
    Par des vœux impuissans.

Dût-on ne voir en moi qu'un poète en délire,
A tous nos guerriers morts, je consacre ma lyre
    Sous un feuillage épais :

De larmes et de fleurs j'aime à couvrir leur tombe;
De mes vieux souvenirs je forme une hécatombe,
    Et je l'offre à la paix.

Dans leurs ressentimens la France et l'Angleterre
Ont pour s'entre-détruire armé toute la terre
    Et causé son malheur :
Tant de haines enfin paraissent étouffées;
Aux victimes du sort élevons des trophées :
    Honorons la valeur.

Honorons ces guerriers protégés de Bellone,
Qui furent de l'honneur la plus ferme colonne,
    En défendant nos droits :
Honorons ces Français que vantera l'histoire,
Qui vingt ans à leur char enchaînant la victoire,
    Étonnèrent les rois!

Le front ceint des lauriers d'*Austerlitz* et d'*Arcole*,
Ils avaient vu ces rois s'instruire à leur école
    Au grand art des guerriers :

Ils allaient triompher d'une ligue importune,
Quand le destin fatal qui régit la fortune,
    Effeuilla leurs lauriers.

Quel pouvoir a détruit cette armée invincible ?
En vain le Scythe allume, en sa haine irascible,
    D'affreux embrâsemens :
Ce n'est point des débris de ses palais en cendre,
Que, pour venger le Scythe, on voit la mort descendre,
    C'est des seuls élémens.

Ainsi, des élémens notre perte est l'ouvrage !
Les débris échappés de ce fameux naufrage
    Ont-ils fléchi les cieux ?
Ils conservaient l'honneur, lorsque la malveillance
En réarmant vingt Rois crut priver la vaillance
    D'un bien si précieux.

Hélas ! on vit alors dans la France éplorée
Rouler comme un torrent l'Europe conjurée
    Contre un seul ennemi :
Là, d'une gloire immense on vit fuir les prestiges ;
Mais la valeur trahie opéra des prodiges,
    L'honneur fut raffermi.

Quoi! les vainqueurs du *Nil*, du *Danube* et du *Tage*,
Au lieu de la victoire, autrefois leur partage,
  Ont trouvé le trépas!
Les hommes ont passé; les souvenirs demeurent.
Gloire immortelle aux noms de ces braves qui meurent
  Et ne se rendent pas!

Seul rival des Français, contemple son courage!
En défiant la mort il a trompé ta rage;
  Tu n'as pu l'asservir :
La foudre gronde, éclate, et sa tête est frappée;
Mais sa main tient encor la redoutable épée
  Qu'on voulait lui ravir.

Sanglant, défiguré, sur ce théâtre horrible,
Il t'épouvante encor de son regard terrible,
  En te montrant son cœur!
Tels à *Cannes*, frappés par la faux meurtrière,
Ces fiers soldats romains, couchés sur la poussière,
  Étonnaient leurs vainqueurs!

Quitte les sombres bords, ô phalange sacrée!
Vole prendre ta place au sein de l'empirée,
  Parmi les immortels!

Héros dont la mémoire est à jamais chérie,
Vous êtes devenus les dieux de ma patrie;
  Nos cœurs sont vos autels.

AUX MANES

DE L'ENFANT CHÉRI DE LA VICTOIRE.

Air à faire.

Lorsque par leurs soupirs, les filles de Mémoire,
Nous disent : Il n'est plus l'enfant de la Victoire !
    Il est dans le tombeau !
Quoi, le père du jour, qui voit tourner les Mondes,
N'a point dans sa douleur, au sein des vastes ondes
    Replongé son flambeau.

Déjà de nos guerriers l'élite se rallie ;
Du Héros qui n'est plus, elle offre la Patrie,
    Entourant le cercueil,

Malgré l'éclat du jour, elle est dans les ténèbres,
Ses lauriers sont cachés sous des cyprès funèbres,
　　　Des grandeurs triste écueil.

A son prince, à l'honneur, à son pays fidèle,
Masséna, des guerriers la gloire et le modèle,
　　　A terminé ses jours ;
Mais du nord au midi, du couchant à l'aurore,
Sa valeur, ses exploits vivront long-temps encore,
　　　Son nom vivra toujours.

Comment de ses hauts faits tracer ici le nombre?
Vingt réputations s'éclipsent comme une ombre
　　　Et meurent à la fois ;
La sienne a rappelé la gloire fugitive :
Pour chanter sa valeur, la renommée active
　　　A trop peu de cent voix.

Des succès dont Clio sut embellir ses pages,
Au Héros, jeune encor, préparaient les hommages
　　　De la postérité ;
En ce jour nous l'offrons, parcourant la carrière,
Tel qu'un géant altier, qui franchit la barrière
　　　De l'immortalité.

De ses fleuves glacés, quittant les froids rivages,
Un peuple belliqueux de conquérans sauvages,
    Nous apportait des fers;
Mais aux champs de *Zurich* était notre espérance;
En triomphe éclatant, le sauveur de la France,
    Y changea nos revers.

Invaincu jusqu'alors, et fier de son courage,
Le Tartare succombe en frémissant de rage,
    et dans l'art des guerriers,
Le fougueux Suwaroff reconnaissant un maître,
Prévoit ce qu'avec lui les Français peuvent être,
    Il brise ses lauriers.

Des taureaux immolés consultant les entrailles,
Rome eût à ce héros, comme au Dieu des batailles,
    Élevé maint autel!
Comme un autre César l'Europe le regarde;
Mais celui qui de Charle* écrasa l'avant-garde,
    Semble plus qu'un mortel.

* Le prince Charle, avant Bonaparte et Masséna, avait la réputation d'être le plus grand capitaine de l'Europe.

Peindrai-je Masséna sur les remparts de Gênes ?
Au sein de la famine, éprouvant mille gênes,
  Il dicte encor des lois.
C'est alors qu'un Anglais* modeste autant qu'habile,
Lui dit : De nos soldats, seul vous valez vingt mille !
  Poursuivez vos exploits.

Les dieux des nations ont ressaisi leur foudre !
Des sceptres sont brisés ! des trônes sont en poudre !
  La frayeur pousse un cri !
Mais laissons raconter ces détails à l'histoire ;
Dans les plaines d'Esling s'avance la victoire
  Vers son enfant chéri.

Les guerriers de l'Ister semblaient, par un prodige,
Tout prêts à triompher des vainqueurs de l'Adige,
  Mais non de Masséna.
Il invoqua l'honneur ! les Français l'entendirent ?
En foule autour de lui nos braves se rendirent :
  L'honneur le couronna.

* Lord Keith, commandant l'armée qui fit le blocus et le siège de Gênes, en 1800.

C'est toi, fille du ciel! des braves noble amante,
Qui soutins à Wagram sa force chancelante
      Au milieu des combats;
Quand pour vaincre il parut, malgré la fièvre altière,
Comme un Dieu sur son char, au sein d'une litière
      Que portaient ses soldats.

O toi! qui sur les monts de la Lusitanie,
Crus arrêter l'élan de son vaste génie,
      Sois juste, fier Breton!
Un héros, quel qu'il soit, ne peut pas l'impossible,
Et le grand Masséna fut toujours invincible,
      Même avec *Wellington*.

Non, sa gloire au tombeau, jamais ne peut descendre;
Au pied du monument qui renferme sa cendre
      L'envie expirera!
Et l'immortalité, gravant sur la colonne
Un nom qui fut si cher à la fière Bellone,
      Le temps s'arrêtera.

NAPOLÉON A L'ILE D'ELBE.

MONOLOGUE.

1814.

Air : Du verre.

Où sont-ils ces jours d'allégresse ;
Ces jours où le peuple français,
M'applaudissait avec ivresse,
Emerveillé de mes succès !
Nul ne m'égalait en génie,
Seul contre tous j'avais raison !
Tout est changé... la calomnie,
Sur moi distille son poison.

Autrefois la France attendrie
Me nommait son libérateur.
Eh quoi! le dieu de la patrie
N'est-il plus qu'un usurpateur?
Français, de votre monarchie,
Ai-je donc usurpé les droits?
Quand je détrônai l'anarchie,
Vous ne songiez plus à vos rois.

Ma valeur étonna le monde!
Partout mon nom fut exalté,
Cependant une race immonde,
M'ose accuser de lâcheté.
J'en donnais sans doute des marques,
Quand l'Europe suivait mes lois;
Quand sur leurs trônes les monarques
Tremblaient au bruit de mes exploits.

Combien d'auteurs de plats libelles,
Qui depuis ont chanté les lis,
Au-dessus du vainqueur d'Arbelles,
Plaçaient le vainqueur d'Austerlitz!

Déjà l'impartiale histoire
Redit les discours qu'ils tenaient :
J'étais le fils de la victoire !
A mes pieds ils se prosternaient.

O France ! une paix honorable,
Allait te rendre le bonheur ;
Si par une action coupable,
On n'eût compromis ton honneur.
De la mer les orgueilleux maîtres
Tremblaient aux rives d'Albion ;
Pour avoir soudoyé des traîtres,
 Ont-ils vaincu Napoléon ?

LE ROCHER DE SAINTE-HÉLÈNE.

Air : Du verre.

Sur un rocher, au sein de l'onde,
Napoléon trouve un tombeau ;
Et quand il y descend, le monde
Voit du jour pâlir le flambeau !
Que ne le frappiez-vous, ô Parques !
Lorsque ses destins glorieux
En foule poussaient les monarques
Devant son char victorieux.

Alors, les beaux-arts, le génie,
Prenant un vol audacieux,

Sous les auspices d'Uranie,
Élevaient son nom jusqu'aux cieux !
La Seine, le Rhône et la Loire
Fixaient ses soins les plus constans,
Et les monumens de sa gloire
Semblaient braver la faux du temps.

Pour lui, la muse de l'histoire,
Du poète inspirait les vers;
Et cet amant de la victoire
A ses pieds voyait l'univers !
Tant que son aigle tint la foudre,
Il eut cent mille adulateurs;
Dès que son aigle fut en poudre,
Il eut cent mille accusateurs.

De ce géant tombé du trône,
Les rois devaient plaindre le sort;
Qui donc, sous la brûlante zône,
Livra leur captif à la mort ?
Qui donc, n'écoutant que la haine
Refusa d'être généreux,

Et chargea d'une indigne chaîne
Les bras du guerrier malheureux?

Faussant la foi de l'Angleterre,
Rougissez, geoliers inhumains;
Le Héros qu'admire la terre,
Avait mis son sort en vos mains :
Hélas! il n'est plus ce grand homme
Que l'envie a voulu flétrir;
Mais quand l'univers le renomme,
Sa mémoire ne peut mourir.

Au tombeau s'il eût pu descendre
Parmi ses vieux soldats en pleurs,
Sur l'urne qui contient sa cendre,
Leurs mains auraient jeté des fleurs :
Consacrant au fils de Bellone
Des vœux inspirés par l'honneur,
Sous notre immortelle colonne
Ils auraient fait placer son cœur.

CHANT GUERRIER DES GRECS[*].

Air : La victoire en chantant.

Sur le sol des héros quand l'oppresseur domine,
    Qu'il y répand tous les fléaux,
Vainqueurs de *Marathon*, vainqueurs de *Salamine*,
    Sortez du fond de vos tombeaux !
    Trop long-temps la Grèce flétrie
    A gémi sous un joug affreux ;
    Mais enfin l'antique patrie,
    Renaît pour les cœurs généreux !

---

[*] Ce chant mis en musique par M. J.-J. Monsigny, se trouve à son magasin, boulevard Poissonnière, n. 18.

Tels que les laves dévorantes,
S'échappant des monts entr'ouverts,
Consumez ces hordes sanglantes
Qui donnent la mort ou des fers.

Victimes des tyrans, victimes de la haine,
Victimes des destins ingrats,
O Grecs ! réveillez-vous ; secouez votre chaîne :
Armez vos invincibles bras !
Imitez vos nobles ancêtres ;
Et comme eux, d'exploits en exploits,
Volez ! et n'ayez d'autres maîtres
Que Dieu, la raison et les lois !
Tels que les laves dévorantes,
S'échappant des monts entr'ouverts,
Consumez ces hordes sanglantes
Qui donnent la mort ou des fers.

D'esclaves soudoyés, lorsqu'une multitude
Se présente pour l'accabler,
Un peuple libre et fier est sans inquiétude ;
Les tyrans seuls doivent trembler !
Leurs efforts seront inutiles ;

En vain ils auraient un succès :
Trois cents braves, aux Thermopyles,
En mourant, ont vaincu Xercès !

Tels que les laves dévorantes,
S'échappant des monts entr'ouverts,
Consumez ces hordes sanglantes
Qui donnent la mort ou des fers.

Des Spartiates nouveaux les phalanges sont prêtes ;
Et déjà j'entends leurs concerts !
Battez, battez tambours ! sonnez, sonnez trompettes !
Chants des guerriers, frappez les airs !
Fils d'Agenor, unis ensemble,
Rien ne pourra vous résister ;
Volez ! et que le Croissant tremble,
Aux coups que vous allez porter !

Tels que les laves dévorantes,
S'échappent des monts entr'ouverts,
Consumez ces hordes sanglantes,
Qui donnent la mort ou des fers.

Que jamais un revers ne porte l'épouvante,

Ni la crainte au fond de vos cœurs ;
Ces féroces guerriers, qu'en vain la frayeur vante,
Jamais deux fois ne sont vainqueurs,
Leur ardeur bientôt arrêtée
Fait place à la sombre terreur ;
Et l'ombre du nouveau Tyrtée *,
Etonne leur lâche fureur.

Tels que les laves dévorantes,
S'échappant des monts entr'ouverts,
Consumez ces hordes sanglantes
Qui donnent la mort ou les fers.

* Lord Byron.

LE NÉANT DES GRANDEURS.

QUATRAIN

A INSCRIRE AU LIVRE DES CATACOMBES.

Mortel présomptueux, vois si parmi ces os,
On reconnaît l'orgueil d'une illustre naissance?
Tu n'y peux distinguer le pâtre du héros;
La mort confond ici les rangs et la puissance.

SUR LE PORTRAIT.

DU MEILLEUR DES ROIS.

QUATRAIN.

Ce Henri, méconnu des ligueurs en démence,
A force de valeur a reconquis ses droits;
Il subjugua les cœurs à force de clémence,
Et comme le plus grand, fut le meilleur des rois.

A LA MÉMOIRE DU GÉNÉRAL FOY.

STANCES.

Que vois-je, ô ciel! C'est l'ange des ténèbres,
Qui dans ce jour semble être radieux!
France, frémis! sous des crêpes funèbres
Voile un moment ton front victorieux.

L'illustre Foy, dont tu pleures la perte,
Brave guerrier, sage législateur,
Laisse, en mourant, la tribune déserte,
Veuve à jamais de son grand orateur.

Mais la douleur a quelquefois des charmes ;
Quel grand spectacle elle offre dans ce jour,
Lorsque la France arrose de ses larmes
Le froid cercueil d'un fils de son amour !

Une jeunesse à la vertu fidèle,
Montrant partout son respect pour les lois,
Porte au tombeau la dépouille mortelle
Du défenseur de nos plus justes droits.

J'ai vu couler les pleurs d'un peuple libre,
Pour ce héros, digne ami des humains,
Tel autrefois, sur les rives du Tibre,
Germanicus fut pleuré des Romains.

Il méritait ces nobles funérailles,
L'homme de bien, l'orateur, le guerrier,
De qui le sang, versé dans cent batailles,
Fit refleurir l'olive et le laurier.

Grand orateur, entraînant et sublime,
Mêlant la grâce avec la profondeur ;

Loin des partis, il abhorra le crime;
Et la patrie absorba tout son cœur.

Talens, vertus, quelle est votre puissance!
Vous élevez l'homme au-dessus du sort,
Le sentiment de la reconnaissance,
Fait que son nom triomphe de la mort.

En perdant Foy, nous perdions l'espérance,
De voir encor s'opérer quelque bien;
Mais ses enfans adoptés par la France!
Quel avenir!... Gloire au grand citoyen!...

A sa mémoire éternelle et chérie,
Jadis la Grèce eût dressé des autels,
Chez nous l'honneur, au nom de la patrie,
Le place au rang des Français immortels.

LA FRANCE

AU

TOMBEAU DU GÉNÉRAL FOY,

OU

L'apothéose de ce grand citoyen.

Air à faire.

Il n'est plus, ce vengeur des libertés publiques !
    Ce général, cet orateur,
Qui suivait à seize ans, dans les plaines belgiques,
    De dix rois le triomphateur ! *

---

* Dumouriez, vainqueur à Jemmappes, de la première coalition contre la France.

Il n'est plus, l'homme en qui la France,
Voyant méconnaître ses droits,
Mettait toute son espérance
Comme au plus ferme appui des lois.

Méprisant la plume flétrie,
Qui dénigre l'homme de bien,
Couvre de fleurs, ô ma patrie !
La tombe du grand citoyen.

Le front ceint des lauriers, dont long-temps la victoire
    Couronna les Français heureux,
Quinze fois ce héros, dans les champs de la gloire
    Vit couler son sang généreux !
    Partout il montra sa franchise,
    Sa valeur, sa noble fierté !
    Il avait choisi pour devise :
    Honneur, *patrie* et *liberté*.

Méprisant la plume flétrie,
Qui dénigre l'homme de bien,
Couvre de fleurs, ô ma patrie !
La tombe du grand citoyen.

De la corruption, Foy toujours à l'épreuve,

Exprima tout ce qu'il sentit.
De son rare talent quand la tribune est veuve,
Sa voix encore y retentit!
Sa voix qui, peignant l'excellence
D'un cœur exempt d'ambition,
Imposait à tous le silence,
Le respect, l'admiration.

Méprisant la plume flétrie,
Qui dénigre l'homme de bien,
Couvre de fleurs, ô ma patrie!
La tombe du grand citoyen.
Celui qui nous fit voir un nouveau Démosthènes,
En ressuscitant Mirabeau,
Celui qu'eût envié la docte et libre Athènes,
Hélas! il dort dans ce tombeau!
Les foudres de son éloquence
En vain sont éteints par la mort;
Son immortalité commence;
Quel Français n'envîrait son sort!

Méprisant la plume flétrie,
Qui dénigre l'homme de bien,
Couvre de fleurs, ô ma patrie!
La tombe du grand citoyen.

Sur le marbre et l'airain, quand ses traits vont revivre;
Aux guerriers, aux législateurs,
Foy sera présenté comme un modèle à suivre.
Il aura des imitateurs!
Ses enfans, qu'adopte la France,
Hériteront de ses vertus;
Et cette dernière espérance
Relève nos cœurs abattus.

Méprisant la plume flétrie,
Qui dénigre l'homme de bien,
Couvre de fleurs, ô ma patrie!
La tombe du grand citoyen.

France, console-toi; vers la voûte azurée,
En ce moment, lève les yeux?
L'esprit de ton héros, volant vers l'empirée,
Devient un astre radieux!
A chaque retour de l'aurore
Offre-lui ton vœu solennel.
Sur tes destins, Foy veille encore,
Près du trône de l'éternel.

Malgré les clameurs de l'envie,
Qui poursuivent l'homme de bien,
Couvre de fleurs, ô ma patrie !
La tombe du grand citoyen.

* Nota. Cette pièce et la précédente ont été insérées dans la *Couronne poétique* du général Foy, publiée par M. Magallon,

LE DÉSASTRE DE MISSOLONGHI.

STANCES ÉLÉGIAQUES.

Tandis qu'en paix notre Europe contemple
L'affreux succès d'un peuple d'oppresseurs,
O liberté, sur le seuil de ton temple,
Ils sont tombés tes plus fiers défenseurs !

Ils sont passés dans le séjour des ombres,
Et sous le fer d'un Pacha redouté,
Missolonghi n'offre que des décombres;
La valeur cède à la férocité.

Elle n'est plus cette ville héroïque
Que tant de rois d'un mot pouvaient sauver,
Tel est le cri de la douleur publique,
Que des pervers pourraient seuls improuver.

Ta volonté, toujours impénétrable,
Dieu des chrétiens, dirige notre sort ;
Mais de ta loi le signe vénérable,
Des Musulmans succombe sous l'effort.

Quand ton saint nom m'agite et me transporte,
Dieu ! quelle horreur se répand sur mes pas !
La croix se brise, et le croissant l'emporte !....
Tes prêtres saints n'en frémissent-ils pas ?.....

Quoi ! d'un œil sec, dans les champs de la Grèce,
Pourront-ils voir leurs frères égorgés ?
Ils furent sourds à leurs cris de détresse,
Mais ces martyrs bientôt seront vengés.

Peuples, vengez des vierges qu'on outrage ;
Guerriers, vengez ces filles des héros,
Et ces enfans, victimes de la rage
D'affreux soldats transformés en bourreaux.

Chacun de vous, en des jours plus prospères,
Au livre d'or verra son nom inscrit,
Si vous vengez le culte de vos pères,
Par l'infidèle indignement proscrit.

Honte éternelle aux perfides, aux traîtres,
Aux déserteurs de la foi des chrétiens,
Qui chez les Turcs se choisissant des maîtres,
Vont lâchement leur servir de soutiens.

En massacrant des vieillards et des femmes,
Ils ont flétri d'autres succès plus grands,
Honte éternelle à ces hommes infâmes,
Que l'on rougit d'avoir vus dans nos rangs.

Missolonghi, la Grèce électrisée,
Dans tous tes fils voit des Pélopidas,
Que leur valeur, au sein de l'Élysée,
Vient de placer près de Léonidas.

Qu'on lise un jour dans la future Charte,
Qui de la Grèce assurera les droits,
Que tes enfans, imitant ceux de Sparte,
Sont morts aussi pour obéir aux lois.

A ces héros descendus dans la tombe,
Le monde entier donne aujourd'hui des pleurs;
Cent nations offrent pour hécatombe,
A ces martyrs, cent couronnes de fleurs.

Et nous Français, amans de la patrie,
Nous, dont la gloire honora les revers,
A leur mémoire immortelle et chérie,
Nous consacrons nos larmes et nos vers.

LA RENOMMÉE ET LE TEMPS,

FABLE.

La déesse aux cent voix, en déployant ses ailes,
Au monde allait prôner quelques vainqueurs heureux,
Qu'un caprice du sort voulait rendre fameux
En dépit des guerriers à la valeur fidèles.
 Suspens ton vol, lui dit le temps,
 Écoute-moi quelques instans :
J'ai vu, comme tu sais balancer la victoire,
Et près de tes héros, je n'ai point vu la gloire :
 Elle était du côté de leurs fiers ennemis.
 Cette remarque est fâcheuse, sans doute,
  Mais de la faire il m'est permis ;

Encore quelques mots, écoute :
La fortune changea; le hasard a tout fait.
Que dis-je, le hasard? la trahison, peut-être;
Et c'est encore au temps, en les faisant connaître,
A couvrir de mépris les auteurs du forfait.
Ne fais donc plus si fort résonner ta trompette :
C'est en vain que l'écho répète
Quelques sons devenus trop superficiels.
Je te le dis, ô renommée !
Un grand nom se change en fumée,
S'il n'est point appuyé sur des talens réels.

A LA VERTU.

ODE.

Quel sujet enflamme ma veine!
Me bornerai-je à l'admirer?
Quoi! déjà ma muse trop vaine
M'inspire de le célébrer.
Muse, quel devoir tu m'imposes;
A mille dangers tu m'exposes,
Mais je n'en suis point abattu :
Ta main, en m'ouvrant la barrière,
Doit me guider dans la carrière
Jusques aux pieds de la vertu.

Vents, précurseurs de la tempête,
Faites tous silence à ma voix :

Qu'en m'écoutant, écho répète
Mes chants hardis, du fond des bois :
Pour mieux contempler ma déesse,
De l'aigle empruntant la vitesse,
Je prends le vol audacieux :
Dans le vide où mon œil s'égare,
Si j'éprouve le sort d'Icare,
Puissé-je avant toucher aux cieux.

De l'Éther montre-moi les routes,
Soleil, prête-moi ton flambeau.
Entr'ouvrez-vous, célestes voûtes
Qui cachez l'objet le plus beau.
On la cherche en vain sur la terre ;
Ce n'est qu'au séjour du tonnerre
Qu'habite ma divinité :
Des dieux elle est la favorite ;
Elle dispense le mérite,
La gloire et l'immortalité.

Que dis-je ? du sage connue,
La vertu se trouve ici-bas ;

C'est au méchant seul qu'une nue
Parfois dérobe ses appas :
Le monde est plein de ses exemples,
L'antiquité fonda ses temples,
Elle eut beaucoup d'adorateurs :
Mais qu'est-il besoin de modèles !
En France elle a des cœurs fidèles
Qui ne sont point imitateurs.

Entre les bras de la victoire,
Atteint par le plomb meurtrier,
Desaix, immortel dans l'histoire,
Expire à l'ombre d'un laurier :
Tandis qu'en contemplant ses armes,
La valeur, étrangère aux larmes,
Pleure pour la première fois ;
La vertu par Desaix aimée,
Publie avec la renommée
Les derniers accens de sa voix.

Admirés autant qu'admirables,
Premier peuple de l'univers,

Tous tes fils par des traits semblables,
Sans fin m'inspireraient des vers !
Épuisant les sons de sa lyre,
Ma muse n'y pourrait suffire,
Mais un seul trait peint les Français.
En dépit du temps qui me presse,
Je vais démontrer que la Grèce
A la vertu dût ses succès.

Des Perses l'affreux despotisme
Triomphait du Grec abattu,
Si du Grec le patriotisme
N'eût eu pour base la vertu.
La vertu guidait Léonide,
Miltiade avec Aristide,
Et Cinégire, et Phocion ;
Par elle, dans Thèbe étonnée,
Du fier vainqueur de Mantinée
Fut immortalisé le nom.

Émules des grands capitaines
Que trente siècles ont vantés,

Vers le même but, dans Athènes,
Marchent, des sages respectés.
Socrate adorant le Grand-Être,
Sans Vertu n'eût pu le connaître;
Il eût été savant en vain.
L'embrâsant d'une sainte flamme,
La vertu seule éclaire l'âme,
Par elle Platon est divin.

Quoi! de Thémis la lame aiguë
N'atteint pas l'homme vicieux,
Et Socrate boit la ciguë
Pour avoir été vertueux!
Assis au temple de mémoire,
Socrate environné de gloire
Est admiré de l'univers;
Quand Anitus, l'horreur du monde,
En inspire à la race immonde
Qui l'entoure au fond des enfers.

Objet de ma reconnaissance,
O vertu! le plus beau trésor,

Ce globe heureux par ta présence,
Autrefois te dut l'âge d'or :
Ah ! quand j'honore tes images,
A toi s'adressent mes hommages ;
Je te consacre mes accens !
Sur tes traces, dans Rome antique,
Je vais admirer le portique
Où Numa t'offrait son encens.

Lorsque dans sa brutale ivresse
Le fils d'un tyran orgueilleux,
Ose dans le lit de Lucrèce
Porter ses impudiques feux,
Dans son triomphe affreux, le crime
Voit cette vertu qu'il opprime,
Malgré lui, reprendre ses droits.
D'une chaste épouse outragée,
L'ombre encor sanglante est vengée...
Rome libre..... n'a plus de rois.

Régulus dont le grand courage
L'emporte sur mille héros,
Sans crainte retourne à Carthage

Y livrer sa tête aux bourreaux.
Plus calme que l'onde tranquille
Que sillonne sa nef agile
Il ne gémit point sur son sort.
De Minerve il n'a pas l'égide,
Mais la vertu seule est son guide,
Avec elle il brave la mort.

Ces Gracques que la tyrannie
A peints comme des factieux,
De Rome évoquant le génie,
Étaient des hommes vertueux :
Oui, la vertu fut leur idole;
C'est en son nom qu'au capitole,
Ils défendaient l'égalité :
Si, par le plus lâche des crimes,
De leur zèle ils furent victimes,
Ils sont morts pour la liberté!

O Cincinnatus! ô Camille!
O toi, sévère Manlius! *

* Manlius Torquatus qui condamna son fils à la mort pour avoir combattu malgré sa défense.

C'est en vous que la vertu brille,
C'est chez l'indigent Curius.
Quoi! sous les coups de la licence,
Je vois s'ébranler sa puissance,
Je vois s'éteindre son flambeau :
De Pharsale, après la journée,
Proscrite, errante, abandonnée,
Elle suit Caton au tombeau.

O vertu! je te vois renaître
A la voix d'un héros vainqueur:
Mon œil ne peut te méconnaître,
Tes traits sont gravés dans mon cœur ;
Sous une affreuse tyrannie,
La justice long-temps bannie,
Ne protégeait plus les humains :
De Thémis réglant la balance,
Tu guides la marche en silence,
Et remets le glaive en ses mains.

Nota. Cette ode fut, en l'an XII, admise au concours pour le prix proposé par l'Institut.

LES HAUTS FAITS DES JÉSUITES,

DIALOGUE

Entre Cadet Roussel et Jérôme de la Grenouillère.

1826.

CADET ROUSSEL.

AIR : Je loge au quatrième étage.

Jérôm' je r'viens d'la Guernouillère,
Et j'te trouve ici tout-à-point :
Tu vas éclaircir ma lumière
Sur un' question qu'est z'un grand point :

Tu lis, car t'es homme d'mérite;
Quand z'on cherche un savant, te v'la!
J'entends partout le nom d'*Jésuite* :
Fais-moi connaît' ces oiseaux-là.

JÉRÔME.

Air : Du ballet des Pierrots.

Un Jésuite! apprends donc, mon homme,
Qu' c'est un moine insoumis aux lois,
Qui ne r'çoit des ordres que d'Rome,
Et qu'est l'plus grand enn'mi des rois :
Peu sévère en fait de morale,
Les vertus n'sont rien à ses yeux;
Mais pour tromper il en étale,
Sur son front, le masque en tous lieux.

CADET ROUSSEL.

L'grand enn'mi des rois! ça m'tracasse;
C'est des mots que j'n'entends pas bien :
Aux rois, quoi qu'tu veux qu'un moin' fasse
Son pouvoir doit z'êtr' moins que rien :

Pourtant j'sais qu'avec un' figure
Qu'on prend queuq'fois pour cell' des saints,
Y a d'ces oiseaux d'mauvais augure
Qui s'raient p't'êt'b'en des assassins.

JÉRÔME.

Des assassins!... sans conséquence,
Tu viens, ma foi, d'prononcer l'mot :
Voilà comment, et sans qu't'y pense,
T'attache aux Jésuites l'grelot :
Eh bien! ces moines pour combattre,
Grâce aux doctrines d'un *Guignard**,
Le vaillant, le grand Henri-Quatre,
N'ont eu besoin que d'un poignard.

CADET ROUSSEL.

Jérôme, ah! j'frémis de t'entendre!
C'est par eux que l'premier Bourbon,

---

* Le père Guignard, jésuite, auteur d'écrits apologétiques de l'assassinat de Henri IV par Jean Châtel, fut pour ce fait, condamné par le parlement de Paris à être pendu, et subit son jugement en place de Grève, en 1696.

Au fond d'la tombe a pu descendre !
Quoi ! c'est z'eux qu'ont tué c'roi si bon !
Mill' tonner'rs, tout mon sang se glace !
Quoi ! sous l'règne d'un p'tit-fils d'Henri,
On voit r'naître et rentrer z-en grâce
Un ordr' si justement flétri !

JÉRÔME.

Quand c'te société régicide, *
Proscrivait un roi si chéri,
Déjà sous son fer parricide,
L'dernier Valois avait péri.
Plus tard, par son ordre suprême,
Un bras pervers, mais chancelant,
Encore sur Louis quinzième
Essaya son poignard sanglant.

CADET ROUSSEL.

Ainsi de c'te perfide engeance
Les vils suppôts r'naissent donc toujours !

---

* Plus de soixante docteurs jésuites ont écrit, dans des livres avoués par la Société, qu'il était permis au peuple de se constituer juge de la légitimité de son roi, de le déposséder et de le faire mourir.

En vain l'sang des rois d'mand' vengeance
D'œux qu'la France maudit tous les jours !
Ah ! quel est donc l'mauvais génie
Qui protèg' ces enfans d'l'enfer ?
Quel est l'docteur... de Béthanie,
Qui veut dans leurs mains r'mettr' l'fer ?

JÉRÔME.

Partout repoussés pour leurs crimes *,
Désignés par les potentats,
Qu'ils voulaient rendre leurs victimes,
Comm' les fléaux de leurs états ;
Quand tous les peuples les connaissent,
Sous un ciel par eux rembruni,
En vain en France ils reparaissent :
Leur règne est à jamais fini.

* Ils ont tramé dix-sept conspirations contre Henri IV, qui périt sous leurs coups, cinq contre la reine Élisabeth d'Angleterre; ils ont fait assassiner le prince d'Orange, Maurice de Nassau, en 1598, Louis XV, en 1757, et le roi de Portugal, en 1758. La nomenclature de leurs autres crimes serait trop longue à retracer ici.

Cadet Roussel.

J' t'entends avec plaisir, mon homme,
Et j'augur' bien d'ta prédiction ;
Dans mes esprits tu r'mets du baume,
J'vois pâlir la *congrégation*,
J'avons tous besoin qu'on s'accorde,
Pour maint'nir la paix et l'union,
Et je n'voulons pas qu'la discorde,
Serv' des hypocrit' l'ambition.

Jérôme.

Va, nous rirons tous par la suite,
L'jésuitisme n'aura pas d'succès,
D'autant plus qu'pour s'faire jésuite,
N'faut-êt', ni chrétien, ni Français.
Mon ami, bois à l'espérance,
Bois à la franchise d'not' roi ;
A la santé des pairs de France,
Qui r'pouss'nt toujours un' mauvais' loi.

Cadet Roussel.

Si les jésuit's n'ont rien à r'frire,
Mon cher Jérôme, en vérité,
J'boirons d'bon cœur et j'pourrons rire,
Mais j'propose aussi z'un' santé :
Quand tant d'grands hommes z'eu miniature,
Veul'nt nous priver d'nos plus beaux droits,
Honneur à la magistrature
Qui soutient si dign'ment les lois !

MANDEMENT

D'UN ÉVÊQUE ULTRAMONTAIN.

AIR : *En avant Fanfan la Tulipe.*

A la voix des saints ministres,
Du dieu mort pour l'univers,
Que des présages sinistres,
Glacent d'effroi les pervers,
Pour venger le sauveur des hommes,
Bons chrétiens, armez tous vos bras!
  Bravez le trépas,
  Ne reculez pas,

Sur vos pas,
Dans le cas
Où nous sommes.
En avant!
C'est Dieu qui l'ordonne;
Et quand le ciel tonne,
En avant.

A cette philosophie,
Qui perdit le genre humain,
Les terreurs de l'autre vie
Seules pourront mettre un frein.
Pour les amis de la lumière,
De l'enfer attisons les feux!
Le diable comme eux
Fut présomptueux,
Orgueilleux,
Factieux,
Téméraire.
En avant!
C'est Dieu qui l'ordonne,
Et quand le ciel tonne,
En avant.

Sans en redouter les suites,
Agissons en temps et lieu,
En proscrivant les jésuites,
Quoi! n'ont-ils pas proscrit Dieu!
Mais les anges ont de leurs ailes,
Du très-haut couvert les élus!
    Des renforts de plus,
    Seraient superflus;
        Là-dessus
        A Jésus,
        Cœurs fidèles,
        En avant,
C'est Dieu qui l'ordonne,
Et quand le ciel tonne,
        En avant.

ÉTRENNES A LA FRANCE,

OU

LA CHUTE DU MINISTÈRE.

1828.

Air : La garde royale est là.

Les provocateurs des haines
Sont déchus de leur pouvoir,
Ah ! quelles bonnes étrennes
La France va recevoir :
Puisqu'aujourd'hui rien n'écarte
Du trône la vérité,

Du monarque et de la Charte
Que le nom soit exalté !
C'est admis,
C'est permis ;
Elle n'a plus d'ennemis.

Air : Du sabre.

Ceux qui prenant des Louvois pour modèles,
Voulaient sur nous dominer par l'effroi ;
Ils sont tombés ces hommes infidèles
A leurs sermens, à la patrie, au roi :
Croyaient-ils donc en opprimant la France,
A son courroux toujours se dérober ?
Quand leurs suppôts la tenaient en souffrance,
C'est à sa voix qu'ils viennent de tomber.

Air : Du vaudeville de madame Scarron.

Toujours le dol et la fraude
Ont révolté le Français ;
Mais leur alarme fut chaude,

Mont-Rouge eut tant de succès!
Déjà remplis d'espérance,
Les successeurs de *Guignard*,
Sur le sein de la France
Dirigeaient leur poignard.
 Mais la loi,
 Mais la foi
 Éclairée et sage
 De nos électeurs,
Osant braver les corrupteurs,
 Démasquant
 L'intrigant,
 M'offrent le présage
 Du commun bonheur.
A leur courage gloire, honneur!

Air : Do, do, l'enfant do, etc.

Astre des Français, tu reluis,
Lorsque la sottise en délire,
Dans la plus obscure des nuits
Veut plonger tout ce qui sait lire :
A la science mettre un frein,

Est son refrain,
Mais,... ah! quel train!
Fi, fi,
Finissez,
O vous que la sottise inspire;
Fi, fi,
Finissez,
La France parle, c'est assez.

Air : Du verre.

L'esprit devait rétrograder
Vers l'heureux temps des *Dragonades*.
Ou peut-être bien remonter
Jusqu'au grand siècle des *Croisades !*
Que l'ignorantin confondu,
Revole en pleurant vers le Tibre,
La voix du peuple a répondu :
La France veut la presse libre.

Air : Gai, gai, mon officier.

Bon, bon,
Français, chantons :

Nous pourrons lire
Et nous saurons écrire;
Bon, bon,
Français, chantons :
L'instruction est le plus beau des dons.

Par un beau matin,
Si l'ignorantin,
Devient orateur
Ou législateur,
Mutilant nos lois,
Détruira nos droits :
Plus d'égalité,
Plus de liberté :
Bon, bon
Français, chantons :
Nous pourrons lire,
Et nous saurons écrire,
Bon, bon,
Français, chantons :
L'instruction est le plus beau des dons.

Air : Peuple français, peuple de frères.

Brave garde nationale
Qu'anime un commun sentiment,
Vainement la ligue infernale
Approuva ton licenciment :
Le *Trio* faisant la culbute,
Un prince aussi juste qu'humain,
Pour te relever de ta chute,
Te tendra son auguste main.

Air : C'est un enfant.

Les nouveaux élus de la France
Au maintien des lois veilleront ;
Des fils d'Ignace l'espérance
Ne brillera plus sur leur front ;
 Leurs sombres intrigues,
 Leurs funestes brigues
Chercheraient en vain aujourd'hui
 Un grand appui (*bis*).

Air : De la sentinelle.

Que la gaîté dans nos cœurs trouve accès,
Chantons encor, l'occasion est belle;
La liberté qu'adorent les Français,
Pour eux veille et fait sentinelle :
Elle a pour frapper les Titans,
Un grand moyen que le sot fronde,
 L'opinion que de tous temps, (*bis*)
On nomma la reine du monde,
  La reine du monde.

Air : Je suis Français, mon pays avant tout.

De ton succès, ô noble France,
Garde long-temps le souvenir;
Le ciel comble ton espérance,
Il t'offre un heureux avenir :
Tes ennemis déchus de leur puissance,
Ne feront plus égorger tes enfans,
En confondant le crime et l'innocence, (*bis*).
Pour effeuiller tes lauriers triomphans ! (*bis*).

Air : R'li, r'lan.

Ivre de joie à la nouvelle
Qui rassure nos libertés,
Quelle occasion fut plus belle
Pour porter de nobles santés ?
Le front rayonnant de lumière,
Apollon me dit en chantant :

    R'li, r'lan,
Porte à la France la première
    R'lan tan plan,
Tambour battant.

Air : Voilà la manière de vivre cent ans.

Les visirs qui règnent
Par des coups d'État,
De la foudre craignent
Toujours un éclat :
Mais le vrai Français,
Digne enfant d'un peuple de braves,

Quand un beau succès
Vient briser d'ignobles entraves,
S'il voit dans la fange
Tomber le méchant
Sa gaîté le venge
Par un joyeux chant.

Air : Allez-vous-en gens de la noce.

Et vous, Messieurs de la censure,
Puisqu'on n'a plus besoin de vous,
Que l'on vous paye avec usure
Le mal que vous avez fait tous :

Qu'on vous nomme à l'académie,
En dépit même d'Apollon;
Qu'on vous appelle à la pairie,
Pourvu que vous partiez, c'est bon.
Et vous, Messieurs de la censure,
Puisqu'on n'a plus besoin de vous,
Que l'on vous paye avec usure
Le mal que vous avez fait tous.

Air : Des fraises.

Je vous vois, défenseurs nés
D'un système effroyable,
A l'opprobre condamnés,
Et par la France donnés
    Au diable,
    Au diable,
    Au diable.

DOLÉANCES

D'UN AMI DU MINISTÈRE TOMBÉ.

1828.

Air : Va-t-en voir s'ils viennent.

Ils ont succombé : comment,
  Malgré leur courage !
Ils se flattaient vainement
  D'affronter l'orage.
Va-t-en voir s'ils viennent,
    Jean ;
Va-t-en voir s'ils viennent.

Plutôt que de le flétrir,
  Admirez son zèle;
Ministre il voulait mourir,
  Joseph de Villèle.
Va-t-en voir s'ils viennent,
    Jean;
Va-t-en voir s'ils viennent.

Pour sa loi d'indemnité,
  Tout le monde en France
Sentit son cœur transporté
  De reconnaissance.
Va-t-en voir s'ils viennent,
    Jean;
Va-t-en voir s'ils viennent.

Ce ministre ami du bien,
  Dans une campagne,
Oh! comme il arrangea bien
  L'affaire d'Espagne.
Va-t-en voir s'ils viennent,
    Jean;
Va-t-en voir s'ils viennent.

Lui seul des Grecs égorgés
　Servit bien la cause;
C'est par lui qu'ils sont vengés :
　Vous savez la chose.
Va-t-en voir s'ils viennent,
　　　Jean;
Va-t-en voir s'ils viennent.

Ce ministre tout-puissant
　Est donc dans la blouze?
Le héros du trois pour cent
　Retourne à Toulouse.
Va-t-en voir s'ils viennent,
　　　Jean;
Va-t-en voir s'ils viennent.

Fondât-il son argument
　Sur un coq-à-l'âne,
Toujours son raisonnement
　Confond et condamne.
Va-t-en voir s'ils viennent,
　　　Jean;
Va-t-en voir s'ils viennent.

Il nous prouva tour-à-tour,
  Toute sa tendresse
Par sa douce *loi d'amour*
  Et son *droit d'aînesse.*
Va-t-en voir s'ils viennent,
        Jean;
Va-t-en voir s'ils viennent.

Du texte dans les débats
  Par fois il s'écarte,
Mais ne vous y trompez pas,
  Il aimait la charte.
Va-t-en voir s'ils viennent,
        Jean;
Va-t-en voir s'ils viennent.

Que pour faire l'orateur,
  Peyronnet se lève;
Thémis à ce fier breteur
  Remettra son glaive.
Va-t-en voir s'ils viennent,
        Jean;
Va-t-en voir s'ils viennent.

Des maux qu'il craint aujourd'hui,
  Il voyait le terme ;
La magistrature en lui
  Eut un appui ferme.
Va-t-en voir s'ils viennent,
    Jean ;
Va-t-en voir s'ils viennent.

On se plait à raconter
  Jusque sous le chaume,
Comme il fit exécuter
  Les lois du royaume.
Va-t-en voir s'ils viennent,
    Jean ;
Va-t-en voir s'ils viennent.

Dans ses faits il s'est complu ;
  Fit-il bien ? sans doute,
Si pour être réélu
  Il prit cette route,
Va-t-en voir s'ils viennent,
    Jean ;
Va-t-en voir s'ils viennent.

Les Bretons sont en souci
  De leur Maître-Pierre,
Celui qu'on nommait ici
  Monseigneur Corbière.
Va-t-en voir s'ils viennent,
    Jean,
Va-t-en voir s'ils viennent.

Comme il protégeait les arts
  Et l'agriculture,
Chacun plaint de toutes parts
  Sa triste aventure.
Va-t-en voir s'ils viennent,
    Jean,
Va-t-en voir s'ils viennent.

Le commerce allait s'ouvrir,
  L'on en vit les suites;
Il crut le faire fleurir
  Avec des *Jésuites*.
Va-t-en voir s'ils viennent,
    Jean,
Va-t-en voir s'ils viennent.

Aimant la publicité,
 Par lui la censure
Donnait à la liberté
 Sa juste mesure...
Va-t-en voir s'ils viennent,
 Jean,
Va-t-en voir s'ils viennent.

Redoutant l'élan subit
 De la France active,
L'agriculture, a-t-il dit,
 Est trop productive.
Va-t-en voir s'ils viennent,
 Jean,
Va-t'en voir s'ils viennent.

Si le pouvoir l'a quitté,
 Voici ce qu'on pense,
C'est qu'il faut à sa santé
 L'air de la Provence.
Va-t-en voir s'ils viennent,
 Jean,
Va-t-en voir s'ils viennent.

Les *trois*, par un seul moyen,
Calmaient leurs alarmes;
Seuls ils sentaient tout le bien
D'avoir des gendarmes,
Va-t-en voir s'ils viennent,
Jean,
Va-t-en voir s'ils viennent.

LES FRANÇAIS EN MORÉE,

OU

LES DRAPEAUX DE LA FRANCE

SALUÉS

PAR PÉRICLÈS ET DÉMOSTHÈNES.

Air : La garde royale est là.

Français, que la gloire appelle,
Vous, dont l'honneur est l'appui,
Volez, chassez l'infidèle
Des champs dévastés par lui.
Puisque la Grèce asservie

N'a plus d'*Épaminondas*,
Allez rendre une patrie
Aux fils de *Léonidas*.
>Le bonheur
>Et l'honneur
Couronneront la valeur.

Je crois voir les grandes ombres
De *Socrate* et de *Platon*,
S'élever des rives sombres
Au faîte du Parthénon.
La gloire de sa bannière
Garantissant le succès,
Que Minerve sera fière
D'être au milieu des Français.
>Le bonheur
>Et l'honneur
Couronneront la valeur.

Du Péloponèse antique
Quand vous quitterez les bords,
Votre présence en Attique
Causera de vifs transports;

Je vois déjà dans Athènes, *
Pour saluer vos drapeaux,
Périclès et *Démosthènes*
S'élever de leurs tombeaux.
 Le bonheur
 Et l'honneur
Couronneront la valeur.

Voix énergiques, voix tendres,
Faites redire aux échos :
Vous renaîtrez de vos cendres,
Murs de *Thèbes*, murs d'*Argos* !
Après ta longue souffrance,
O Grèce ! un vengeur puissant,
Du sol heureux de la France
Accourt briser le croissant.
 Le bonheur
 Et l'honneur
Couronneront la valeur.

* Quand l'auteur adressa cette pièce à S. Exc. le ministre de la guerre (M. le vicomte de Caux), il était loin de penser que la Morée seule formerait le nouveau territoire de la Grèce; il espère encore que le berceau des arts, des sciences et des lettres ne restera point au pouvoir des barbares.

Malgré les horreurs qu'enfante
Un despotisme odieux,
La liberté triomphante
Descend du séjour des dieux !
Au milieu de l'allégresse,
Sous le charme des concerts,
Le *labarum* de la Grèce
Va s'élever dans les airs !
    Le bonheur
    Et l'honneur
Couronneront la valeur.

O quelle douce espérance !
C'est du pays des neuf sœurs
Que les guerriers de la France
Vont chasser les oppresseurs ;
Quand de leurs chants de victoire
Retentira l'univers,
A la muse de l'histoire,
Ils présenteront nos vers :
    Le bonheur
    Et l'honneur
Couronneront la valeur.

En assurant la mémoire
De l'immortel *Botzaris*,
En reconnaissant la gloire
De l'illustre *Canaris*,
France, quand ton caractère
Ne connaît que l'équité,
Applaudis un ministère
Qui soutient ta dignité.
 Le bonheur
 Et l'honneur
Couronneront la valeur.

LES VINGT-CINQ HOMMES,

ou

LA GLOIRE DE PARIS.

HOMMAGE A MES COMPATRIOTES!

AIR : De la clochette,

ou : De l'exilé (DE BÉRANGER).

Fils aînés de la France,
Que vit naître Paris,
Vainement l'ignorance
Vous poursuit de ses cris ;

Vainement la malice,
Pour mieux l'encourager,
Ose être sa complice,
Je prétends vous venger.
A mon pays fidèle,
Fier de tels citoyens,
Je dis : Gloire immortelle,
　Gloire immortelle
　Aux Parisiens.

Parmi vos noms, l'Histoire,
Déjà pour nos neveux,
A recueilli la gloire
De mille noms fameux ;
Malgré le petit nombre,
Qu'ici je vais citer,
L'envie au regard sombre,
N'y pourra résister.
A mon pays fidèle,
Fier de tels citoyens,
Je dis : Gloire immortelle,
　Gloire immortelle
　Anx Parisiens.

Richelieu, ceministre,
Qui des grands fut l'effroi,
Dont le regard sinistre
Imposait à son roi,
De sa gloire affermie
Eut plus d'un détracteur,
Mais de l'Académie
Il fut le fondateur.
A mon pays fidèle,
Fier de tels citoyens,
Je dis : Gloire immortelle,
   Gloire immortelle
   Aux Parisiens.

Plein d'un noble courage,
Sans paraître étonné,
Molé * s'offre à la rage
D'un peuple mutiné;
Il calme la tempête;
Frondeurs humiliés,
Vous demandiez sa tête,

---

* Le célèbre président Molé, depuis chancelier de France.

Vous êtes à ses pieds !
A mon pays fidèle,
Fier de tels citoyens,
Je dis : Gloire immortelle,
    Gloire immortelle
    Aux Parisiens.

Des muses l'espérance,
Poète original,
Boileau montre à la France
Horace et *Juvénal.*
Seul il fit bien connaître
L'art de tourner un vers ;
Paris, qui le vit naître,
Le montre à l'univers.
A mon pays fidèle,
Fier de tels citoyens,
Je dis : Gloire immortelle,
    Gloire immortelle
    Aux Parisiens.

Au temple de Thalie,
Molière, sans clameurs,

Rend sage la folie,
Et corrige nos mœurs !
Qu'il reçoive l'hommage
Qu'on offre aux immortels;
Qu'on place son image,
Sur les mêmes autels.
A mon pays fidèle,
Fier de tels citoyens,
Je dis : Gloire immortelle,
 Gloire immortelle
  Aux Parisiens.

La valeur, le génie,
Joignent sous un laurier,
Au compas d'Uranie
Le sabre du guerrier.
Sous la même bannière,
Qu'avec orgueil je vois,
Près du divin *Molière*,
Le vainqueur de *Rocroy*.*
A mon pays fidèle,

---

* Le grand Condé fut l'ami de Molière.

Fier de tels citoyens,
Je dis : Gloire immortelle,
  Gloire immortelle
  Aux Parisiens.

Luxembourg plein de gloire,
Triomphant à *Fleurus*,
Au temple de Mémoire
Serait-il un *intrus* ?
En vain l'ennemi raille
La forme du héros, **
Qui jamais en bataille
Ne lui montra le dos.
A mon pays fidèle,
Fier de tels citoyens,
Je dis : Gloire immortelle,
  Gloire immortelle
  Aux Parisiens.

Le temps jamais ne couvre
L'éclat d'un nom fameux ;

---

* Le maréchal de Luxembourg était bossu.

Perrault bâtit du Louvre *
Le portique pompeux !
C'est l'image embellie
Du temps du soleil !
La Grèce et l'Italie
N'offrent rien de pareil.
A mon pays fidèle,
Fier de tels citoyens,
Je dis : Gloire immortelle,
  Gloire immortelle
  Aux Parisiens.

A plus de cent volumes
Arnauld plaça son nom ;
Les plus célèbres plumes
Eurent moins de renom.
Sur la théologie
On connaît ses discours :
Du style la magie

---

* Claude Perrault, avant de se livrer à l'étude de l'architecture, avait exercé la profession de médecin. C'est de lui que Boileau disait :

  « Soyez plutôt maçon si c'est votre talent. »

Les soutiendra toujours.
A mon pays fidèle,
Fier de tels citoyens,
Je dis : Gloire immortelle,
   Gloire immortelle
   Aux Parisiens.

Historien fidèle,
Profond observateur,
Rollin * est le modèle
Du sage instituteur :
Offrant des certitudes
Sur tout ce qu'il écrit,
Son *Traité des études*
Nous montre son esprit.
A mon pays fidèle,
Fier de tels citoyens,
Je dis : Gloire immortelle,
   Gloire immortelle
   Aux Parisiens.

* Auteur de l'*Histoire ancienne* et du commencement de l'*Histoire romaine*, il dut le jour à un coutelier de Paris.

En nous montrant *Armide*
Brûlant pour son *Renaud*,
Sur son aile rapide
Le temps porte *Quinault* : *
Du fameux satyrique
Il essuya les traits,
Mais sa muse lyrique
N'en a pas moins d'attraits.
A mon pays fidèle,
Fier de tels citoyens,
Je dis : Gloire immortelle,
   Gloire immortelle
   Aux Parisiens.

Rousseau ** qui de *Pindare*
Fut le digne rival,
Qui, malgré le Ténare,
N'a pu trouver d'égal.
Dans l'urne de la Seine,

---

* Fils d'un boulanger de Paris.

** Jean-Baptiste Rousseau, le premier poète lyrique de la France, était le fils d'un cordonnier de Paris.

Il puisa ses accords,
Et sa brûlante veine
Excite nos transports !
A mon pays fidèle,
Fier de tels citoyens,
Je dis : Gloire immortelle,
　Gloire immortelle
　Aux Parisiens.

La nymphe de la Seine
Parmi ses gens de cœur,
Compte le *prince Eugène*,
A *Belgrade* vainqueur.
Eugène dans l'histoire
Prit un rapide essor;
Et ce nom riche en gloire
Aujourd'hui brille encor.
A mon pays fidèle,
Fier de tels citoyens,
Je dis : Gloire immortelle,
　Gloire immortelle
　Aux Parisiens.

Quand le Mars de Versailles
Enflammait ses guerriers,
Quel Français à *Marsailles*
Se couvrait de lauriers?
La Seine qui vit naître
Ce courageux soldat,
Ne saurait méconnaître
Le vaillant *Catinat!*
A mon pays fidèle,
Fier de tels citoyens,
Je dis : Gloire immortelle,
   Gloire immortelle
    Aux Parisiens.

Aux rives de la Seine,
Ministre glorieux,
Comme un autre *Mécène*,
Colbert brille à mes yeux!
Il montre la puissance
De l'empire français;
Et sa magnificence
Égale nos succès.

CHANSON

A mon pays fidèle,
Fier de tels citoyens,
Je dis : Gloire immortelle,
Gloire immortelle
Aux Parisiens.

Lebrun, nouvel *Apelles*,
Le premier des Français
Qui du héros d'*Arbelles*
Sut peindre les succès,
Dans les murs de Lutèce
Reçut aussi le jour,
Des nymphes du Permesse,
Ce peintre fut l'amour.
A mon pays fidèle,
Fier de tels citoyens,
Je dis : Gloire immortelle,
Gloire immortelle,
Aux Parisiens.

Le Sueur, pour mieux nous peindre
Un favori du ciel, *

* Saint-Bruno.

Conçut l'espoir d'atteindre
Rubens et Raphaël :
De la grande Chartreuse,
Les sites effrayans,
Ont, sous sa touche heureuse,
Des charmes attrayans.
A mon pays fidèle,
Fier de tels citoyens,
Je dis : Gloire immortelle,
 Gloire immortelle
 Aux Parisiens.

Que *Lepautre* m'enchante
En offrant la Beauté,
Disputant l'*Atalante* *
A la légèreté !
En admirant *Énée* **,
Qu'on aime son auteur,
La piété semble née

---

* Atalante, vaincue à la course par Hyppomènes.

** Enée, sauvant de l'embrâsement de Troye, son père, son fils et ses dieux.

Du ciseau du sculpteur.
A mon pays fidèle,
Fier de tels citoyens,
Je dis : Gloire immortelle,
Gloire immortelle
Aux Parisiens.

Legros, dans la *Vestale*
Tient nos sens transportés,
Son art divin étale
Sur elle les beautés :
Des grâces immortelles
Qu'elle offre aux amateurs
Phidias, Praxitèles
Seraient admirateurs.
A mon pays fidèle,
Fier de tels citoyens,
Je dis : Gloire immortelle,
Gloire immortelle
Aux Parisiens.

En songeant que *Voltaire*
Dans nos remparts est né,
Notre orgueil peut-il taire
Qu'il y fut couronné?
Ce sentiment, l'Europe
Le partage et l'admet,
On admire *Mérope*,
Alzire et *Mahomet*.
A mon pays fidèle,
Fier de tels citoyens,
Je dis : Gloire immortelle,
  Gloire immortelle
  Aux Parisiens.

Fier sultan de Solime,
Qu'on ne peut qu'imiter,
Le Kain, acteur sublime,
Puis-je assez t'exalter ?
Au temple de mémoire
Tu parvins sans écueil :
Un rival de ta gloire *

* Notre grand tragédien, Talma, également né et mort à Paris.

Ajoute à notre orgueil.
A mon pays fidèle,
Fier de tels citoyens,
Je dis : Gloire immortelle,
 Gloire immortelle
 Aux Parisiens.

Laharpe que l'on note
Comme un homme de bien,
Fut *Tyrtée*, *Aristote*,
Enfin *Quintilien*.
S'il porte la lumière
Dans l'esprit du lecteur,
De sa gloire première
On reconnaît l'auteur.
A mon pays fidèle,
Fier de tels citoyens,
Je dis : Gloire immortelle,
 Gloire immortelle
 Aux Parisiens.

D'Alembert géomètre
Sait tout analyser,
Des arts il juge en maître
Qu'on ne peut récuser.
Dans l'*Encyclopédie*
Son esprit survivra;
Ce flambeau du génie
A jamais brillera.
A mon pays fidèle,
Fier de tels citoyens,
Je dis : Gloire immortelle,
  Gloire immortelle
  Aux Parisiens.

Surpassant *Démosthènes*
Admirons *Mirabeau*,
Qui de la sage Athènes
Fit pâlir le flambeau.
Prêt à réduire en poudre
D'éternels factieux,
Sa voix semblait la foudre
Du souverain des Dieux.

A mon pays fidèle,
Fier de tels citoyens,
Je dis : Gloire immortelle,
Gloire immortelle
Aux Parisiens.

Pour chanter un *Mérite**,
Dont nous convenons tous,
Que *Legouvé* s'abrite
Sous des charmes si doux.
J'applaudis de sa lyre
Les sons harmonieux
Quand il peint le délire
De Caïn furieux.
A mon pays fidèle,
Fier de tels citoyens,
Je dis : Gloire immortelle,
Gloire immortelle
Aux Parisiens.

* Le charmant poème du *Mérite des femmes*, et la tragédie de la *Mort d'Abel*, assurent à Legouvé une place distinguée parmi les poètes parisiens.

Je ferme cette école
Par le brave *Augereau*,
Qui sur le pont d'*Arcole*
Arbora son drapeau.
Sa valeur étonnante
Affronta mille morts !
Tel Achille du Xante
Apparut sur les bords.
A mon pays fidèle,
Fier de tels citoyens,
Je dis : Gloire immortelle !
Gloire immortelle
Aux Parisiens.

A L'ANACRÉON FRANÇAIS,

SUR LE RETOUR DU PRINTEMPS [*].

Air : Quittez la lyre, ô ma muse!

Quand Cybèle rajeunie
Couronne son front de fleurs;
En dépit du noir génie
Qui veut t'abreuver de pleurs,
Béranger, prends cette lyre
Dont les sons bravent le temps,

---

[*] Cette chanson fut insérée dans le Courrier des spectacles après avoir été adressée à M. Béranger.

Et dans un charmant délire
Célèbre encor le printemps :
  Tes accens,
  Pour nos sens
Ont des charmes tout-puissans.

Ranime notre espérance
Par quelque nouveau refrain ;
Anacréon de la France,
Mets les bons Français en train :
Des cagots fais le martyre
Et que de tes joyeux chants
Jaillisse encor la satyre
Qui fait pâlir les méchans.
  Tes accens,
  Pour nos sens
Ont des charmes tout-puissans.

Mais si quelque bête noire
Contre toi venait hurler,
Prends d'une chanson à boire
Le refrain pour l'accabler :
En pesant dans ta balance

Des petits qu'on nomme grands,
Tu réduiras au silence
Les sots et les ignorans.
Tes accens,
Pour nos sens
Ont des charmes tout-puissans.

FIN DES CHANSONS NATIONALES.

CHANSONS

ET

POÉSIES DIVERSES.

CHANSONS
ET
POÉSIES DIVERSES.

LA FÉE URGÈLE,

ou

CE QUI PLAÎT AUX DAMES.

Air : A voyager passant sa vie.

Je vais vous raconter en somme
Quelques exploits du *preux Robert* :
Ce paladin venait de Rome ;
C'était du temps de Dagobert.

Il avait baisé des étoles,
Des scapulaires, des cordons :
Il rapportait peu de pistoles,
Beaucoup d'*agnus* et de pardons (*bis*).

Air : Hier j'ons fait la noce.

Passant sous la coudrette
Dans un bois près Charenton,
Il vit gente brunette
Que l'on appelait Marton :
Elle portait à Lutèce,
Du lait, du beurre et des œufs :
Elle eût séduit une Altesse
Par ses beaux yeux.

Air : Dans les Gardes Françaises.

Un frais bouquet de roses
Couronne son beau sein ;
Tendre amour, si tu l'oses,
Fais un double larcin :

Pour mieux voir la laitière,
Déjà le chevalier,
Relevant sa visière,
Descend de son coursier.

Air : Si vous aimez la danse.

Bonjour, charmante brune,
Qui m'offres tant d'appas,
Quelle bonne fortune
M'a guidé sur tes pas?
J'ai pour toute ressource
Mon cœur, mon palefroi,
Vingt écus dans ma bourse (*bis*),
Parle, tout est à toi (*bis*).

Air : J'étais bon chasseur autrefois.

Vingt écus ont de quoi charmer
Fillette à l'intérêt soumise;
Mais j'ai dit bourse pour rimer,
Car ils étaient dans la valise.

Vous me faites beaucoup d'honneur,
Dit en rougissant la *donzelle* :
Robert l'embrasse, et, par malheur,
Son pied glisse, il tombe avec elle.

Air : Que le sultan Saladin.

Déjà chaque œuf est cassé,
Tout le lait est renversé ;
Plus rien d'entier que le beurre :
Mais d'y songer est-ce l'heure
Quand aux yeux du couple épris,
    Sont pris,
    Bien pris,
Par un moine à manteau gris,
Le cheval qu'il trouve à sa guise,
    Et la valise.

Air : Si Pauline est dans l'indigence.

Mes vingt écus, vite, beau sire,
Dit, en se rajustant, Marton ;
Vous ne pouvez vous en dédire,
Je les ai gagnés tout de bon.

— Ah ! répond Robert, d'un air triste,
C'est bien vrai ; mais ce *farfadet*,
Ce lutin, dont je perds la piste
Les emporte avec mon bidet.

Air : Réveillez-vous belle endormie.

Alors la petite rusée,
Sans éprouver aucun émoi,
Dit, que puisqu'elle était lésée,
Elle en porterait plainte au roi.

Air : Du pas redoublé.

Marton, chez le roi Dagobert,
　Fut avant la nuit close ;
Elle accusa le bon Robert
　D'avoir volé sa rose.
Ici, dit le roi, du démon
　Je reconnais la trame :
Cette affaire est, chère Marton,
　Du ressort de ma femme.

Air : Lise épouse l'beau Gernance.

Soudain à la reine Berthe,
Dans ces matières experte,
On porte le différend,
L'un en laisse, l'autre en prend.
Son sénat que je révère,
De Robert prouva le tort;
Mais Berthe fut bien sévère
En le condamnant à mort.

Air : Au coin du feu.

Robert était bel homme,
Il méritait la pomme,
   Donc il appert,
Que toute femme sage,
En lorgnant son visage,
   Plaignait Robert. *(ter.)*

Air : Regarde cette rose.

Marton, pour tant de charmes,
A périr condamnés,

Partage les alarmes
De tous les cœurs bien nés;
Et la reine attendrie,
Aux pleurs donnant l'essor,
Dit, s'il a du génie,
Robert peut vivre encore.

AIR : Que ne suis je la fougère?

Il s'agit pour lui de dire,
En prose, ou dans un couplet,
Ce que la femme désire,
En tous lieux, ce qui lui plaît :
Que son intérêt lui trace
Ce que chacune ressent,
Qu'il soit, pour avoir sa grâce,
A la fois clair et décent.

AIR : Je voudrais voir à chaque instant.

Berthe, après ce touchant discours,
Adresse à Robert la parole :

Tenez, je vous donne huit jours,
Mais songez bien que le temps vole.
Je m'en rapporte à votre honneur,
Vous reviendrez après huitaine :
Robert le jure de bon cœur,
En prenant congé de la reine.

Air : Des pendus.

Cependant Robert tout pensif,
Disait d'un ton assez plaintif :
Comment, sans fâcher Berthe même,
Nommer ce que toute femme aime ?
C'est un piège qu'on m'a tendu ;
Autant vaudrait m'avoir pendu.

Air : Des fanfares de Saint-Cloud.

Dès qu'il trouvait brune ou blonde,
D'abord il lui demandait,
Quelle chose dans le monde
A tout elle préférait ?

Mais, pour lui donner le change
On divaguait aussitôt;
Et de cette énigme étrange,
Nulle ne disait le mot.

Air : Près de trois palmiers solitaires.

Pendant sa course vagabonde,
Robert sombre et découragé,
Avait vu le flambeau du monde
Dans l'Océan sept fois plongé;
Lorsque sous de rians ombrages,
Dans un bosquet délicieux,
Tout-à-coup il croit des bocages
Voir danser les filles des dieux.

Air : Du premier baiser d'amour.

A peine une robe flottante
Couvre des appas de Vénus;
Partout la gaze transparente
Fait place aux regards éperdus!

Robert voit au milieu des roses,
Dont il respire les odeurs,
Vingt beautés, comme elles écloses,
Sans les flétrir fouler les fleurs.

Air : Pour donner à mes yeux plus d'âme.

Ne sachant s'il dort ou s'il veille,
De plaisir le cœur transporté,
Robert veut parler ; ô merveille !
Disparaît le groupe enchanté :
En place il trouve, à son passage,
Vieille que soutient un bâton,
Sans dents, l'œil creux, brun visage,
Et dont le nez touche au menton.

Air : Trouverez-vous un parlement.

Tout prêt à perdre l'étrier,
Jusqu'à trois fois Robert se signe ;
La sempiternelle au guerrier
Soudain fait un doucereux signe :

Rassurez-vous, mon bel ami,
Je suis d'un commerce agréable;
Je n'aime jamais à demi,
Et moins que noire je suis diable.

Air : Un jour Guillot et Guillemette.

Je vois à votre sombre mine
Que vous éprouvez un tourment;
Un chagrin dévorant vous mine;
Seriez-vous malheureux amant?
Expliquez-vous donc sans mystère,
Parler soulage, en vérité,
Et l'art sublime de se taire
Ne plut jamais à la beauté.

Air : De mon berger volage.

Si je ne dis aux dames,
Répond Robert, d'abord,
Ce qui charme les femmes,
Ce qui leur plaît si fort;

Si Berthe, qui raisonne,
Ne me trouve pas clair,
Dès demain ma personne
Va voltiger en l'air.

Air : Ah! le bel oiseau, maman.

Ah! ne craignez rien, Robert,
Car votre affaire
Est très-claire ;
Ah! ne craignez rien, Robert,
Tout vous sera découvert.

Alons-nous-en vers la cour;
Mais, en me devant la vie,
Jurez donc, à votre tour,
De contenter mon envie :

Ah! ne craigniez rien, Robert,
Car votre affaire
Est très-claire;
Ah! ne craignez rien, Robert,
Tout vous sera découvert.

Air : De monsieur Denis.

Non, point vous n'hésiterez;
Jurez donc, Robert, jurez,
Par mes beaux yeux, ça s'entend;
　Souvenez-vous-en,
　Souvenez-vous-en :
Un chevalier sans honneur
N'est pas digne du bonheur.

Air : Du vaudeville de Figaro.

Cet honneur a tant d'empire
Sur les chevaliers français
Que le seul mot les inspire
Et garantit leurs succès :
Robert jura, non sans rire,
Sur quoi la nymphe aux beaux yeux,
Dit : Le cas est sérieux.

Air : Quand de ma jeune fille.

　Devant la cour de France,
　La reine et son conseil,

Robert, plein d'assurance,
Paraît, frais et vermeil :
En lisant dans vos âmes,
Dit-il, sans vous piquer,
Ce qui vous plaît, mesdames,
Je vais vous l'expliquer.

Air : Du jardinier fleuriste.

Ce n'est pas toujours la fortune
Ni des adorateurs nombreux
Qui rendent le beau sexe heureux,
Cela quelquefois importune :
Pardonnez-moi si je rougis
De compter pour rien la tendresse;
Voici le mot : c'est au logis
Que femme veut (*ter*) être maîtresse.

Air : De Calpigi.

Chacun aussitôt cria grâce !
La reine, avec beaucoup de grâce,
Au chevalier offrit sa main,
Et Robert la baisa soudain :

DIVERSES.

La vieille, de haillons couverte,
S'écrie aussitôt : Reine Berthe,
Robert ne serait pas vainqueur
S'il ne m'avait promis son cœur.

Air : Des trembleurs.

Il doit tout à ma science :
C'est par ma seule assistance
Qu'il échappe à la potence,
Il ne peut nier cela.
Voyant des choses si drôles,
Chacun haussait les épaules,
Lorsque la reine des Gaules,
Se levant, ainsi parla :

Air : C'est un enfant.

Si Robert est votre conquête,
Goûtez le bonheur des amans ;
Je n'entendrai plus de requête,
L'homme doit tenir ses sermens.

Berthe rit sous cape,
Le respect échappe;
Robert s'écrie avec fureur :
C'est une horreur!
C'est une horreur!

Air : Le saint craignant de pécher.

Robert sur son palefroi
Tristement remonte;
Sur son front se peint l'effroi,
La rage et la honte :
La vieille en croupe avec lui,
Dit : C'est enfin aujourd'hui
Qu'amour pu, pu, pu,
Qu'amour bli, bli, bli,
Qu'amour pu,
Qu'amour bli,
Qu'amour publie une
Si bonne fortune.

Air : De la petite Cendrillon.

Cheminant sur sa monture,
Le galant ne disait mot ;
Tout autre que sa future
L'eût pu prendre pour un sot.
La vieille animant le groupe,
Contait à son compagnon,
Avec *Riquet à la houpe*,
La petite Cendrillon.

Air : O ma mère ! est-c' que j'sais ça.

En détestant sa figure,
Robert aimait son esprit ;
On arrive à la masure,
Où la nymphe avait son lit :
Un lit ! je crains que l'on raille,
Et dis, pour être plus franc,
Qu'elle avait, sur de la paille,
Un drap jadis neuf et blanc.

Air : En revenant de Bâle en Suisse.

Soudain l'antique ménagère,
Dans son taudis offre à Robert
Une collation légère,
Du vin de Surène un peu vert.
   Mon ami, dit-elle,
   Tu sais ton devoir,
   Souffle la chandelle,
   Pour ne pas me voir.

Air : Un jour le malheureux Lisandre.

Au même instant elle se couche,
Et Robert les sens consternés,
Approche en se pinçant le nez,
Et craint de rencontrer sa bouche,
Il croit qu'en trahissant l'honneur,
On doit renoncer au bonheur ;
Mais pour trouver un spécifique,
Il faudrait la grâce d'en haut,

Chez lui la vertu prolifique
Était alors en grand défaut.

Air : Sous un antique chêne.

O Robert! quel obstacle
S'oppose à ton devoir?
A ton âge un miracle
Peut bien se concevoir,
Quand la pudeur s'envole,
Et me livre au vainqueur,
L'ingrat qui me rend folle
Ne sent-il plus son cœur.

Air : De la parole.

Robert se sentant raffermi,
Par les doux accens de la dame,
Lui communiquait à demi
Une étincelle de sa flamme!
Elle en eut le cœur si charmé,
Qu'à l'instant elle dit : Courage,
Courage, mon cher bien-aimé,

Quand l'amour d'un trait s'est armé,
Il doit achever (*bis*) son ouvrage.

Air : De la Catacoua.

Au vif éclat de cent lumières,
Qui produisent mille reflets,
La plus modeste des chaumières
Se change en un vaste palais,
Le lit est parsemé de roses,
Et dans cet asile enchanté,
  Désir, gaîté,
  Vigueur, santé,
Sont les garans de la félicité,
Là, dieu des amans, tu reposes,
Sur le sein de la volupté.

Air : Partant pour la Syrie.

Ne te tiens plus en garde,
Contre d'ignobles traits,
Ouvre les yeux, regarde,
Mes appas de plus près :

D'une amante fidèle,
Quand tu combles les vœux,
Admire la plus belle,
Et sois le plus heureux.

Air : De la sentinelle.

Au même instant Robert lève les yeux,
Il croit d'abord que ce n'est qu'un beau songe.
Son premier soin est d'invoquer les cieux,
Pour que long-temps cette erreur se prolonge.
 Au milieu de vingt lustres d'or,
 Dont cette enceinte est éclairée,
 Sa déïté paraît encor,
 Sa déïté paraît encor
 Plus charmante que Cythérée,
   Que Cythérée!

Air : L'amour ayant perdu ses armes.

Robert, ne crains plus les alarmes;
Vois celle qui, vers Charenton,
Pour easayer sur toi ses charmes,
Avait pris les traits de Marton.

Je suis contente de ton zèle,
Aux miens tes destins sont liés ;
Tes bras serrent la fée Urgèle,
Protectrice des chevaliers.

Aux amateurs de la gaîté française.

LES DEUX BOSSUS,

OU LE CHATEAU DU DIABLE.

Air : Mon père était pot.

Je vais, amis, de deux bossus,
Vous raconter l'histoire,
On peut s'égayer là-dessus,
Du moins j'aime à le croire.

L'un de mes héros,
Porte sur le dos
Un côteau d'importance;
L'autre par devant,
Pour parer le vent,
A sa protubérance.

AIR : Du pas redoublé.

L'un de nos braves, c'est d'Ormont,
Et l'autre la Palisse;
La peur ne peut gravir leur mont,
Sans que le pied lui glisse.
Au champ d'honneur, pour tout oser,
Leurs démarches sont brèves,
La beauté peut se reposer
A l'ombre de leurs glaives.

AIR : Le saint craignant de pécher.

Ce fut sous Charles Martel,
D'illustre mémoire,
Qu'ils quittèrent leur castel,
Pour chercher la gloire.

Les sorciers, les revenans,
Et les diables de ce temps,
 A nos bons, bons, bons,
 A nos grands, grands, grands,
 A nos bons, à nos grands,
 A nos bons grands pères,
Taillaient des croupières.

Air : Des Fraises.

Mais des chevaliers errans
Font plus que se défendre;
Les plus robustes géans,
Se laissent par leurs tranchans,
  Pourfendre,
  Pourfendre,
  Pourfendre.

Air : Du haut en bas.

 De hauts donjons
A l'instant s'offrent à leur vue,
 De hauts donjons,
Un colombier et des pigeons ;

Un géant avec sa massue,
Monte la garde à chaque issue
Des hauts donjons.

Air : Si vous aimez la danse.

Ils mettaient leur flamberge
Déjà hors du fourreau,
Quand l'hôte d'une auberge
Voisine du château,
Sur un ton pitoyable
Leur dit à demi-bas :
C'est le château du diable, *bis.*
Ne vous y frottez pas. *bis.*

Air : Ah ! le bel oiseau, maman.

Entrez chez moi, Messeigneurs,
Vous trouverez un bon gîte,
Entrez chez moi, Messeigneurs,
Vous y serez mieux qu'ailleurs.

Vous paraissez fatigués,
Approchez du feu bien vite;

Aux voyageurs distingués
Du vin, j'offre ici l'élite :

Entrez chez moi, Messeigneurs,
Vous trouverez un bon gîte;
Entrez chez moi, Messeigneurs,
Vous y serez mieux qu'ailleurs.

Air : A boire.

« A boire, à boire, à boire,
« Bannissons l'humeur noire, »
Dit d'Ormont le verre à la main;
Nous irons au diable demain.

Air : De la sentinelle.

J'irai ce soir visiter le château,
Dit fièrement le fougueux la Palisse;
Adieu, je pars; le moment est trop beau,
Avec le diable il faut entrer en lice,
   Dussé-je trouver de l'enfer,
   En ce lieu la brûlante trace,

Non, un Français à Lucifer,
Non, un Français à Lucifer,
Jamais ne peut demander grâce,
Demander grâce.

Air : Trouverez-vous un parlement.

Il arrive au lieu redouté,
On l'y reçoit à griffe ouverte;
En ce lieu l'hospitalité
Aux paladins était offerte :
Le diable n'ayant pas dîné,
L'invite à se placer à table;
La Palisse était trop bien né,
Pour paraître alors intraitable.

Air : J'arrive à pied de province.

On sert avec élégance
Trente mets exquis,
Puis les meilleurs vins de France,
Et les plus beaux fruits,

De l'hôte l'épouse aimable
　　Boit à la gaîté,
Et la Palisse, du diable,
　　Porte la santé.

　　　Air : Aussitôt que la lumière.

Du vin la gaîté s'exhale,
Et notre joyeux gourmet,
Par avance de Cancale,
Croit habiter le sommet :
Lorsque la chanson bachique,
Charme les dieux infernaux,
Ils prennent le feu lyrique
Pour allumer leurs fourneaux.

　　　Air : Du bastringue.

Lorsqu'on a mangé le dessert,
　　En cadence
　　Pour la danse,
Lorsqu'on a mangé le dessert,
On se lève tout de concert.

Diablesses, diables subalternes,
Aux oreilles ont des lanternes,
Au signal du maître on est prompt,
Ils ont déjà formé le rond.

Lorsqu'on a mangé le dessert,
    En cadence
    Pour la danse,
Lorsqu'on a mangé le dessert.
On se lève tout de concert.

    AIR : C'est un enfant.

La Palisse avec tant de grâce,
A la princesse offre sa main,
Qu'en son cœur soudain il retrace
Les traits du frère de l'Hymen.
    — « C'est bien son image;
    « Pourtant quel dommage,
Quand parmi nous il est reçu,
    « Qu'il soit bossu,
    « Qu'il soit bossu. »

Air : Eh, ma mère, est-c' que j' sais ça.

Le diable est un bien brave homme,
Franc et de bonne amitié,
Il sentit la chose comme
Le désirait sa moitié :
Ceci n'est point une gosse,
C'est un trait qui me confond :
Le diable enlève la bosse,
Et la suspend au plafond.

Air : Je croyais en aimant Colette.

Aussi léger qu'une hirondelle,
Mon danseur bat vingt entrechats,
Et bien que sa bosse fût belle,
L'ingrat ne la regrette pas.

Air : Du curé de Pomponne.

Plus adroit que n'est un Vestris
 Aux jeux de Terpsichore,

Plus beau que le berger Pâris,
Il charme plus encore !
Le jour vint, il se retira
Comblé de politesses.
Il se souviendra,
Larira,
De leurs noires altesses.

Air : V'la c' que c'est qu' d'avoir du cœur.

Ici bas tout est compensé,
La Palisse avait bien dansé ;
Mais d'Ormont s'était reposé.
Il voit son collègue,
Il en devient bègue :
Quoi ! quoi ! quoi ! dit-il, fait au tour !
Satanas a-t-il fait ce tour ?

Air : Du confrère Bonaventure.

D'Ormont veut paraître content
Du sort de la Palisse ;
Mais la jalousie à l'instant
Dans son âme se glisse :

La jalousie, oui, c'est le mot;
>Mais il brille à la danse :
Il se lève et part aussitôt,
>Pour courir même chance.

>>Air : De la parole.

Il arrive au moment qu'on sert
Le déjeuner à la fourchette,
>Il trouve tout mis son couvert,
>Enfin son nom est sous l'assiette;
L'accueil est galant et parfait :
Il conclut de tout ce négoce
Qu'il s'en ira très-satisfait,
Mais pour aller de suite au fait
Il donne toujours (*bis*) dans la bosse.

>>Air : Au coin du feu.

>Tout le jour on tint table,
>Car, pour manger, le diable
>>L'emporterait
>Sur le plus galant homme,

Et le seul gastronome
L'égalerait (*ter*).

Air : Si vous aimez la danse.

Le diable agit en sage,
De tout il veut user ;
Or son plus bel usage
Est celui de danser :
On sait que côte à côte
Le monarque infernal
N'admet jamais un hôte *(bis)*
Sans lui donner le bal (*bis*).

Air : à la papa.

D'Ormont a dîné trop bien,
Et pour danser son maintien
  Ne vaut plus rien :
La diablesse est là,
Pour adjuger la pomme,
  Elle dit : holà !

Car ce faquin m'assomme :
Il danse, le pauvre homme,
   A la papa,
   A la papa.

Air : Du rigodon, zig, zag dondon.

A d'Ormont tout ce beau discours
   Donne un peu la migraine;
Aux gambades il a recours,
   Mais son ventre l'entraîne :
   Quand madame Lucifer
   A l'instant regarde en l'air !
   Voyant de la Palisse,
L'extrait du dos, ses yeux railleurs
   Disent avec malice :
   Qu'il serait bien ailleurs.

Air : De M. Denîs.

Son cher époux, qui l'entend,
Remplit ses vœux à l'instant :
La bosse qui du plancher
   Se sent détacher, (*bis.*)

Du preux danseur à propos,
Vient se placer sur le dos.

Air : Au clair de la lune.

On voit chacun rire
Du malencontreux,
Et le triste sire
S'enfuit tout honteux :
Grâce à la manière
Dont il fut reçu,
Devant et derrière
Il revint bossu.

Air : En s'éveillant de grand matin.

En revoyant son compagnon,
La Palisse dut se contraindre;
Il avait eu tant de guignon,
Qu'il était juste de le plaindre;
Mais sachons porter nos fardeaux,
Le laid doit vivre avec les beaux.

L'envie est un monstre infernal,
   Aimant la satire,
   Empêchant de rire;
L'envie est un monstre infernal,
Qui fait à l'homme bien du mal (*bis*).

LA MALADIE D'UN ROI,

ou

LA CHEMISE DE L'HOMME HEUREUX.

Air : Adieu, je vous fuis, bois charmant.

Un roi de qui la majesté
Était livrée à l'insomnie,
Voyait dépérir sa santé
Malgré les efforts du génie ;
Reconnaissant que tout docteur
N'est dans le fond qu'un empirique,
Il crut devoir d'un enchanteur
Consulter le pouvoir magique.

Par son ordre arrive un devin,
Franc, comme tous les astrologues:
Sire, dit-il, c'est bien en vain
Que vous usez de tant de drogues.
Pour chasser les soucis fâcheux,
Source du mal qui vous obsède,
La chemise d'un homme heureux
Est un infaillible remède.

Le ministre est sans balancer
Chargé de cette découverte;
Il voudrait bien s'en dispenser,
Mais le roi parle à bouche ouverte:
Monsieur, dit-il, point de détour,
Vous seul pouvez trouver l'affaire,
Chez ces heureux que chaque jour
Vos sages conseils me font faire.

Chez tous les courtisans titrés
A l'instant se rend le ministre;
Il voit, sous des lambris dorés,
Régner l'envie au front sinistre;

L'ambition, la vanité,
S'y font une éternelle guerre :
Dans ce pays en vérité,
L'homme heureux ne se trouve guère.

Il dépêche plusieurs agens
Pour en amener de la ville;
Ceux-ci, bientôt, crurent qu'aux champs
La chose serait plus facile.
Ils s'en retournaient sans espoir,
Bien fatigués de leur voyage,
Quand un homme heureux se fit voir
Dans un cabaret de village.

C'est un garçon qui va chantant,
Boit et rit du soir à l'aurore,
Et qui, lorsqu'il n'a plus d'argent,
Travaille, rit et chante encore
Il a pour maîtresse, Margot,
Et, sans consulter aucun livre,
Lucas sait prouver, d'un seul mot,
Qu'il est très-satisfait de vivre.

Fiers d'avoir trouvé ce trésor,
En poste on l'amène au monarque;
Et l'on conçoit que beaucoup d'or,
De sa gratitude est la marque.
Un valet, appelé soudain,
Ote à Lucas sa veste grise;
Mais du roi plaignez le destin.....
L'homme heureux était sans chemise.

MES SOUVENIRS.

Air : Du vaudeville de madame Scarron.

Adieu ! printemps de ma vie ;
Adieu ! saison des amours ;
Adieu ! folâtre Sylvie,
Délices de mes beaux jours :
Lorsque le temps, d'un coup d'aile,
Me pousse vers l'avenir,
 Mon cœur toujours fidèle,
 Conserve un souvenir.

En trinquant,
En buvant,
Que chacun entonne

Un joyeux refrain,
Qui mette tout tout le monde en train :
Tout souci
Doit ici
Tomber dans la tonne;
Le verre à la main,
Amis, chantons jusqu'à demain.

Mon amante, unie aux grâces,
De l'Amour lançait les traits;
Les Plaisirs suivaient ses traces;
Mais...., où sont-ils ses attraits?
Mon ardeur, qu'en vain j'appelle,
Hélas ne peut revenir!
O ma ci-devant belle!
Vivons de souvenir.

En trinquant,
En buvant,
Que chacun entonne,
Un joyeux refrain,
Qui mette tout le monde en train :
Tout souci
Doit ici

Tomber dans la tonne ;
Le verre à la main,
Amis, chantons jusqu'à demain.

La Fortune enchanteresse
M'a refusé ses faveurs ;
Mais j'ai trouvé l'allégresse
Auprès du Dieu des buveurs ;
Et l'amitié, que l'envie,
De mon cœur n'a pu bannir,
Sut embellir ma vie :
Ah ! quel doux souvenir.

En trinquant,
En buvant,
Que chacun entonne
Un joyeux refrain,
Qui mette tout le monde en train :
Tout souci
Doit ici
Tomber dans la tonne ;
Le verre à la main,
Amis, chantons jusqu'à demain.

Assez long-temps la discorde
A troublé notre bonheur;
Mais tout bon Français s'accorde
Sur les mots *patrie*, *honneur* :
O vertu de nos ancêtres !
Puisqu'on ne peut te ternir,
   Des *lâches* et des *traîtres*
   Perdons le souvenir.

    En trinquant,
    En buvant,
   Que chacun entonne
   Un joyeux refrain
Qui mette tout le monde en train :
    Tout souci,
     Doit ici
  Tomber dans la tonne ;
  Le verre à la main,
Amis, chantons jusqu'à demain.

Ce n'est plus que dans l'histoire
Que je vois nos fiers guerriers,

Partout fixant la victoire,
Se couronner de lauriers :
La paix enchaîna leur zèle
Que rien n'eût pu contenir ;
Mais leur gloire immortelle
M'offre un beau souvenir !

En trinquant,
En buvant,
Que chacun entonne
Un joyeux refrain
Qui mette tout le monde en train :
Tout souci
Doit ici
Tomber dans la tonne ;
Le verre à la main,
Amis, chantons jusqu'à demain.

Quand le temps nous fait connaître
Que tout n'est qu'illusion,
Au sort il faut se soumettre ;
Voici ma conclusion :

En bannissant l'humeur sombre,
Vois-je mon bonheur finir,
J'embrasse encor son ombre
Pour dernier souvenir.

En trinquant,
En buvant,
Que chacun entonne
Un joyeux refrain
Qui mette tout le monde en train :
Tout souci
Doit ici
Tomber dans la tonne ;
Le verre à la main,
Amis, chantons jusqu'à demain.

Nota. On avait extrait de cette chanson trois couplets qui se trouvent à la page 60 de ce recueil, nous avons cru devoir la rétablir ici tout entière.

FIN.

TABLE

DES

CHANSONS CONTENUES DANS CE VOLUME.

L'auteur à ses lecteurs,	j
L'honneur français.	1
La charte.	4
Appel aux Parisiens.	7
Aux armes, fils d'Hector!	10
Le trente mars 1814.	13
Les Velléités féodales.	18
Les derniers efforts du fanatisme.	24
A la mémoire du prince Poniatowski.	27
Les causes de nos maux.	31
Comm'ça s'ra beau!	35
Le dernier soupir des braves.	37
Le deuil de la France.	40
A ma patrie, ou ce qu'il faut faire dans le malheur.	42
La ligue des ultra-anglicans.	44

Le tombeau des braves.	48
L'étoile des braves.	51
Le bronze d'Austerlitz.	54
L'arc-de-triomphe du Carrousel.	57
Perdons le souvenir et gardons le souvenir.	60
Aux détracteurs de la gloire française.	63
Au Belge qui vient de visiter le champ de bataille de Waterloo.	64
La mort avec tous ses avantages.	65
La gloire ou la mort.	69
Le Champ-d'Asile.	73
Le départ des alliés.	76
Encore un mot à nos amis les ennemis.	80
Les proscrits ou l'amour de la patrie.	84
Le retour des proscrits.	88
L'indignation française.	95
Les comparaisons.	97
Portrait d'un gentilhomme de ma connaissance.	100
Le Plébéien, ou le descendant des Gaulois.	103
T'en souviens-tu, ou l'Américain au Français banni.	106
Je m'en souviens, réponse du Français à l'Américain.	109
Apothéose des braves, aux Français morts pour la patrie.	112
Aux mânes de l'enfant chéri de la victoire.	117

Napoléon à l'île d'Elbe.	122
Le rocher de Sainte-Hélène.	125
Chant guerrier des Grecs.	128
Le néant des grandeurs.	132
Sur le portrait du meilleur des rois.	133
A la mémoire du général Foy.	134
La France au tombeau du général Foy.	137
Le désastre de Missolonghi.	142
La renommée et le temps.	146
A la vertu, ode.	148
Les hauts faits des Jésuites, dialogue.	156
Mandement d'un évêque ultramontain.	163
Étrennes à la France, ou la chute du ministère.	166
Doléances d'un ami du ministère tombé.	176
Les Français en Morée.	184
Les vingt-cinq hommes.	189
A l'Anacréon français.	208
La fée Urgèle.	213
Les deux bossus.	235
La maladie d'un roi.	250
Mes souvenirs.	254

FIN DE LA TABLE.

www.ingramcontent.com/pod-product-compliance
Lightning Source LLC
Chambersburg PA
CBHW052244220526
45471CB00001B/180